Büchner | Leonce und Lena

Reclam XL | Text und Kontext

Georg Büchner
Leonce und Lena

Herausgegeben von Uwe Jansen

Reclam

Der Text dieser Ausgabe ist zeilengleich mit der Ausgabe der Universal-Bibliothek Nr. 18420. Er wurde auf der Grundlage der gültigen amtlichen Rechtschreibregeln orthographisch behutsam modernisiert. Die zweite Angabe der Doppelpaginierung bezieht sich auf die Paginierung der Universal-Bibliothek.

Zu diesem Text gibt es eine Interpretationshilfe: Georg Büchner, *Leonce und Lena*. Lektüreschlüssel (Nr. 15319)

E-Book-Ausgaben finden Sie auf unserer Website unter www.reclam.de/e-book

Reclam XL | Text und Kontext | Nr. 16134
2013, 2022 Philipp Reclam jun. Verlag GmbH,
Siemensstraße 32, 71254 Ditzingen
Durchgesehene Ausgabe 2022

Textausgabe mit Genehmigung der Akademie
der Wissenschaften und Literatur, Mainz

Druck und Bindung: Eberl & Koesel GmbH & Co. KG,
Am Buchweg 1, 87452 Altusried-Krugzell
Printed in Germany 2022
RECLAM ist eine eingetragene Marke
der Philipp Reclam jun. GmbH & Co. KG, Stuttgart
ISBN 978-3-15-016134-0

Auch als E-Book erhältlich

www.reclam.de

Die Reihe bietet neben dem Text Worterläuterungen in Form von Fußnoten und Sacherläuterungen in Form von Anmerkungen im Anhang, auf die am Rand mit Pfeilen (↗) verwiesen wird. Quellen im Anhang werden mit dem Zeichen Q kenntlich gemacht.

Inhalt

Leonce und Lena

Ein Lustspiel

Vorrede
Alfieri: »E la fama?«
Gozzi: »E la fame?«

---

4 **E la fama?«:** (ital.) »Und der Ruhm?« | 5 **»E la fame?«:** (ital.) »Und der Hunger?«

Personen

KÖNIG PETER vom Reiche Popo
PRINZ LEONCE, sein Sohn, verlobt mit
PRINZESSIN LENA vom Reiche Pipi
5 VALERIO
DIE GOUVERNANTE
DER HOFMEISTER
DER PRÄSIDENT DES STAATSRATS
DER HOFPREDIGER
10 DER LANDRAT
DER SCHULMEISTER
ROSETTA
BEDIENTE, STAATSRÄTE, BAUERN, etc. etc.

6 **Gouvernante:** Erzieherin | 7 **Hofmeister:** Hauslehrer, Erzieher

Erster Akt

»O wär ich doch ein Narr!
Mein Ehrgeiz geht auf ⟨ ⟩eine bunte Jacke.«
    Wie es Euch gefällt.

Erste Szene

Ein Garten.
Leonce (halb ruhend auf einer Bank). Der Hofmeister.

LEONCE. Mein Herr, was wollen Sie von mir? Mich auf
meinen Beruf vorbereiten? Ich habe alle Hände voll zu
tun. Ich weiß mir vor Arbeit nicht zu helfen. Sehen Sie,
erst habe ich auf den Stein hier dreihundertfünfund-
sechzig Mal hintereinander zu spucken. Haben Sie das
noch nicht probiert? Tun Sie es, es gewährt eine ganz
eigne Unterhaltung. – Dann, sehen Sie diese Hand voll
Sand? – (er nimmt Sand auf, wirft ihn in die Höhe und
fängt ihn mit dem Rücken der Hand wieder auf) – jetzt
werf ich sie in die Höhe. Wollen wir wetten? Wie⟨v⟩iel
Körnchen hab ich jetzt auf dem Handrücken? Grad
oder ungrad? Wie? Sie wollen nicht wetten? Sind Sie ein
Heide? Glauben Sie an Gott? Ich wette gewöhnlich mit
mir selbst und kann es tagelang so treiben. Wenn Sie
einen Menschen aufzutreiben wissen, der Lust hätte,
manchmal mit mir zu wetten, so werden Sie mich sehr
verbinden. Dann – habe ich nachzudenken, wie es wohl
angehen mag, dass ich mir einmal auf den Kopf sehe. –
O wer sich einmal auf den Kopf sehen könnte! Das ist
eines von meinen Idealen. Und dann – und dann – noch
unendlich viel der Art. – Bin ich ein Müßiggänger?
Habe ich keine Beschäftigung? – Ja, es ist traurig …
HOFMEISTER. Sehr traurig, Eure Hoheit.
LEONCE. Dass die Wolken schon seit drei Wochen von

28 **Müßiggänger:** Nichtstuer

Westen nach Osten ziehen. Es macht mich ganz melancholisch.

HOFMEISTER. Eine sehr gegründete Melancholie.

LEONCE. Mensch, warum widersprechen Sie mir nicht? Sie haben dringende Geschäfte, nicht wahr? Es ist mir leid, dass ich Sie so lange aufgehalten habe. (Der Hofmeister entfernt sich mit einer tiefen Verbeugung.) Mein Herr, ich gratuliere Ihnen zu der schönen Parenthese, die Ihre Beine machen, wenn Sie sich verbeugen.

LEONCE (allein, streckt sich auf der Bank aus). Die Bienen sitzen so träg an den Blumen und der Sonnenschein liegt so faul auf dem Boden. Es krassiert ein entsetzlicher Müßiggang. – Müßiggang ist aller Laster Anfang. Was die Leute nicht alles aus Langeweile treiben! Sie studieren aus Langeweile, sie beten aus Langeweile, sie verlieben, verheiraten und vermehren sich aus Langeweile und sterben endlich aus Langeweile, und – und das ist der Humor davon – alles mit den wichtigsten Gesichtern, ohne zu merken, warum, und meinen Gott weiß was dazu. Alle diese Helden, diese Genies, diese Dummköpfe, diese Heiligen, diese Sünder, diese Familienväter sind im Grunde nichts als raffinierte Müßiggänger. – Warum muss ich es grade wissen? Warum kann ich mir nicht wichtig werden und der armen Puppe einen Frack anziehen und einen Regenschirm in die Hand geben, dass sie sehr rechtlich und sehr nützlich und sehr moralisch würde? – Der Mann, der eben von mir ging, ich beneidete ihn, ich hätte ihn aus Neid prügeln mögen. O wer einmal jemand anderes sein könnte! Nur 'ne Minute lang. Wie der Mensch läuft! Wenn ich nur etwas unter der Sonne wüsste, was mich noch könnte laufen machen.

(Valerio, etwas betrunken, tritt auf.)

VALERIO (stellt sich dicht vor den Prinzen, legt den Finger an die Nase und sieht ihn starr an). Ja!

---

1 f. **melancholisch:** trübsinnig, grundlos traurig | 8 **Parenthese:** hier wie auch im Frz. Bezeichnung für O-Beine (eigtl.: in Klammern eingeschobener Satzteil) | 24 **Puppe:** hier: Körper

LEONCE (ebenso). Richtig!

VALERIO. Haben Sie mich begriffen?

LEONCE. Vollkommen.

VALERIO. Nun, so wollen wir von etwas anderem reden.
5 (Er legt sich ins Gras.) Ich werde mich indessen in das
Gras legen und meine Nase oben zwischen den Halmen
herausblühen lassen und romantische Empfindungen
beziehen, wenn die Bienen und Schmetterlinge sich darauf wiegen, wie auf einer Rose.

10 LEONCE. Aber Bester, schnaufen Sie nicht so stark, oder
die Bienen und Schmetterlinge müssen verhungern über
den ungeheuren Prisen, die Sie aus den Blumen ziehen.

VALERIO. Ach Herr, was ich ein Gefühl für die Natur
habe! Das Gras steht so schön, dass man ein Ochs sein
15 möchte, um es fressen zu können, und dann wieder ein
Mensch, um den Ochsen zu essen, der solches Gras ge-
fressen.

LEONCE. Unglücklicher, Sie scheinen auch an Idealen zu
laborieren.

20 VALERIO. Es ist ein Jammer. Man kann keinen Kirchturm
herunterspringen, ohne den Hals zu brechen. Man kann
keine vier Pfund Kirschen mit den Steinen essen, ohne
Leibweh zu kriegen. Seht, Herr, ich könnte mich in eine
Ecke setzen und singen vom Abend bis zum Morgen:
25 »Hei, da sitzt e Fleig' an der Wand! Fleig' an der Wand!
Fleig' an der Wand!« und so fort bis zum Ende meines
Lebens.

LEONCE. Halt's Maul mit deinem Lied, man könnte darüber ein Narr werden.

30 VALERIO. So wäre man doch etwas. Ein Narr! Ein Narr!
Wer will mir seine Narrheit gegen meine Vernunft ver-
handeln? Ha, ich bin Alexander der Große! Wie mir die
Sonne eine goldne Krone in die Haare scheint, wie meine Uniform blitzt! Herr Generalissimus Heupferd, las-
35 sen Sie die Truppen anrücken! Herr Finanzminister
Kreuzspinne, ich brauche Geld! Liebe Hofdame Libel-

---

18 f. **zu laborieren:** sich abzuarbeiten | 25 f. **Hei, da sitzt e Fleig' an der Wand!:** Hei, da
sitzt eine Fliege an der Wand! (Nonsens-Lied) | 31 f. **verhandeln:** verkaufen | 32 **Alexander
der Große:** bedeutender makedonischer König und Feldherr (356–323 v. Chr.)

le, was macht meine teure Gemahlin Bohnenstange? Ach bester Herr Leibmedicus Cantharide, ich bin um einen Erbprinzen verlegen. Und zu diesen köstlichen Phantasieen bekommt man gute Suppe, gutes Fleisch, gutes Brot, ein gutes Bett und das Haar umsonst ge-⁵ schoren, – im Narrenhaus nämlich, – während ich mit meiner gesunden Vernunft mich höchstens noch zur Beförderung der Reife auf einen Kirschbaum verdingen könnte, um – nun? – um?

LEONCE. Um die Kirschen durch die Löcher in deinen ¹⁰ Hosen schamrot zu machen! Aber Edelster, dein Handwerk, deine Profession, dein Gewerbe, dein Stand, deine Kunst?

VALERIO (mit Würde). Herr, ich habe die große Beschäftigung, müßig zu gehen, ich habe eine ungemeine Fer-¹⁵ tigkeit im Nichtstun, ich besitze eine ungeheure Ausdauer in der Faulheit. Keine Schwiele schändet meine Hände, der Boden hat noch keinen Tropfen von meiner Stirne getrunken, ich bin noch Jungfrau in der Arbeit, und wenn es mir nicht der Mühe zu viel wäre, würde ²⁰ ich mir die Mühe nehmen, Ihnen diese Verdienste weitläufiger auseinanderzusetzen.

LEONCE (mit komischem Enthusiasmus). Komm an meine Brust! Bist du einer von den Göttlichen, welche mühelos mit reiner Stirne durch den Schweiß und Staub ²⁵ über die Heerstraße des Lebens wandeln, und mit glänzenden Sohlen und blühenden Leibern gleich seligen Göttern in den Olymp treten? Komm! Komm!

VALERIO (singt im Abgehen). Hei! da sitzt e Fleig' an der Wand! Fleig' an der Wand! Fleig' an der Wand! ³⁰

(Beide Arm in Arm ab).

---

2 **Leibmedicus:** Leibarzt (betreut höher gestellte Personen | 2 **Cantharide:** Käfer, der zermahlen als Liebespulver diente | 8 **verdingen:** eine Arbeit aufnehmen | 12 **Profession:** Beruf

Zweite Szene

Ein Zimmer.
König Peter wird von zwei Kammerdienern angekleidet.

PETER (während er angekleidet wird). Der Mensch muss
denken und ich muss für meine Untertanen denken,
denn sie denken nicht, sie denken nicht. – Die Substanz
ist das an sich, das bin ich. (Er läuft fast nackt im Zimmer herum.) Begriffen? An sich ist an sich, versteht Ihr?
Jetzt kommen meine Attribute, Modifikationen, Affek-
tionen und Akzidenzien, wo ist mein Hemd, meine
Hose? – Halt, pfui! der freie Wille steht da vorn ganz
offen. Wo ist die Moral, wo sind die Manschetten? Die
Kategorien sind in der schändlichsten Verwirrung, es
sind zwei Knöpfe zu viel zugeknöpft, die Dose steckt in
der rechten Tasche. Mein ganzes System ist ruiniert. –
Ha, was bedeutet der Knopf im Schnupftuch? Kerl, was
bedeutet der Knopf, an was wollte ich mich erinnern?
ERSTER KAMMERDIENER. Als Eure Majestät diesen Knopf
in ihr Schnupftuch zu knüpfen geruhten, so wollten
Sie …
KÖNIG. Nun?
ERSTER KAMMERDIENER. Sich an etwas erinnern.
PETER. Eine verwickelte Antwort! – Ei! Nun an was
meint Er?
ZWEITER KAMMERDIENER. Eure Majestät wollten sich an
etwas erinnern, als sie diesen Knopf in Ihr Taschentuch
zu knüpfen geruhten.
PETER (läuft auf und ab). Was? Was? Die Menschen ma-
chen mich confus, ich bin in der größten Verwirrung.
Ich weiß mir nicht mehr zu helfen. (Ein Diener tritt
auf.)
DIENER. Eure Majestät, der Staatsrat ist versammelt.
PETER (freudig). Ja, das ist's, das ist's. – Ich wollte mich
an mein Volk erinnern! Kommen Sie meine Herren!
Gehn Sie symmetrisch. Ist es nicht sehr heiß? Nehmen

---

9 **Modifikationen:** Veränderungen, Abwandlungen | 9 f. **Affektionen:** Erregungen,
Reizungen | 10 **Akzidenzien:** zufällige, unwesentliche Eigenschaften | 12 **Manschetten:**
Manschette: steifer Ärmelaufschlag | 13 **Kategorien:** Einteilung aller Gegenstände des
Denkens in bestimmte Klassen

Sie doch auch Ihre Schnupftücher und wischen Sie sich das Gesicht. Ich bin immer so in Verlegenheit, wenn ich öffentlich sprechen soll. (Alle ab.)

König Peter. Der Staatsrat.

PETER. Meine Lieben und Getreuen, ich wollte Euch hiermit kund und zu wissen tun, kund und zu wissen tun – denn entweder verheiratet sich mein Sohn, oder nicht (legt den Finger an die Nase) entweder, oder – Ihr versteht mich doch? Ein Drittes gibt es nicht. Der Mensch muss denken. (Steht eine Zeitlang sinnend.) Wenn ich so laut rede, so weiß ich nicht wer es eigentlich ist, ich oder ein anderer, das ängstigt mich. (Nach langem Besinnen.) Ich bin ich. – Was halten Sie davon, Präsident?

PRÄSIDENT (gravitätisch langsam). Eure Majestät, vielleicht ist es so, vielleicht ist es aber auch nicht so.

Der ganze STAATSRAT im Chor. Ja, vielleicht ist es so, vielleicht ist es aber auch nicht so.

KÖNIG PETER (mit Rührung). O meine Weisen! – Also von was war eigentlich die Rede? Von was wollte ich sprechen? Präsident, was haben Sie ein so kurzes Gedächtnis bei einer so feierlichen Gelegenheit? Die Sitzung ist aufgehoben. (Er entfernt sich feierlich, der ganze Staatsrat folgt ihm.)

Dritte Szene

Ein reichgeschmückter Saal, Kerzen brennen.
Leonce mit einigen Dienern.

LEONCE. Sind alle Läden geschlossen? Zündet die Kerzen an! Weg mit dem Tag! Ich will Nacht, tiefe ambrosische Nacht. Stellt die Lampen unter Krystallglocken zwischen die Oleander, dass sie wie Mädchenaugen un-

---

15 **gravitätisch:** würdevoll, andächtig | 29 f. **ambrosische:** süße (Ambrosia galt als die unsterblich machende Speise griechischer Götter)

ter den Wimpern der Blätter hervorträumen. Rückt die
Rosen näher, dass der Wein wie Tautropfen auf die Kel-
che sprudle. Musik! Wo sind die Violinen? Wo ist die
Rosetta? Fort! Alle hinaus!

5 (Die Diener gehen ab. Leonce streckt sich auf
ein Ruhebett. Rosetta, zierlich gekleidet, tritt ein.
Man hört Musik aus der Ferne.)

ROSETTA (nähert sich schmeichelnd). Leonce!
LEONCE. Rosetta!
10 ROSETTA. Leonce!
LEONCE. Rosetta!
ROSETTA. Deine Lippen sind träg. Vom Küssen?
LEONCE. Vom Gähnen!
ROSETTA. Oh!
15 LEONCE. Ach Rosetta, ich habe die entsetzliche Ar-
beit ...
ROSETTA. Nun?
LEONCE. Nichts zu tun ...
ROSETTA. Als zu lieben?
20 LEONCE. Freilich Arbeit!
ROSETTA (beleidigt). Leonce!
LEONCE. Oder Beschäftigung.
ROSETTA. Oder Müßiggang.
LEONCE. Du hast Recht wie immer. Du bist ein kluges
25 Mädchen, und ich halte viel auf deinen Scharfsinn.
ROSETTA. So liebst Du mich aus Langeweile?
LEONCE. Nein, ich habe Langeweile, weil ich dich liebe.
Aber ich liebe meine Langeweile wie dich. Ihr seid eins.
O dolce far niente, ich träume über deinen Augen, wie
30 an wunderheimlichen tiefen Quellen, das Kosen deiner
Lippen schläfert mich ein, wie Wellenrauschen. (Er um-
fasst sie.) Komm liebe Langeweile, deine Küsse sind ein
wollüstiges Gähnen, und deine Schritte sind ein zierli-
cher Hiatus.
35 ROSETTA. Du liebst mich, Leonce?

29 **O dolce far niente:** (ital.) O süßes Nichtstun | 34 **Hiatus:** Öffnung, Spalt; Zusammen-
treffen zweier Vokale (»Gähnlaut«)

LEONCE. Ei warum nicht?

ROSETTA. Und immer?

LEONCE. Das ist ein langes Wort: immer! Wenn ich dich
nun noch fünftausend Jahre und sieben Monate liebe,
ist's genug? Es ist zwar viel weniger, als immer, ist aber   5
doch eine erkleckliche Zeit, und wir können uns Zeit
nehmen, uns zu lieben.

ROSETTA. Oder die Zeit kann uns das Lieben nehmen.

LEONCE. Oder das Lieben uns die Zeit. Tanze, Rosetta,
tanze, dass die Zeit mit dem Takt deiner niedlichen   10
Füße geht.

ROSETTA. Meine Füße gingen lieber aus der Zeit.

(Sie tanzt und singt.)

> O meine müden Füße ihr müsst tanzen
>> In bunten Schuhen,   15
> Und möchtet lieber tief, tief
>> Im Boden ruhen.

> O meine heißen Wangen, ihr müsst glühen
>> Im wilden Kosen,
> Und möchtet lieber blühen   20
>> Zwei w e i ß e Rosen.

> O meine armen Augen, ihr müsst blitzen
>> Im Strahl der Kerzen,
> Und lieber schlieft ihr aus im Dunkeln
>> Von euren Schmerzen.   25

LEONCE (indes träumend vor sich hin). O, eine sterbende
Liebe ist schöner, als eine werdende. Ich bin ein Römer;
bei dem köstlichen Mahle spielen zum Des⟨s⟩ert die
goldnen Fische in ihren Todesfarben. Wie ihr das Rot
von den Wangen stirbt, wie still das Auge ausglüht, wie   30
leis das Wogen ihrer Glieder steigt und fällt! Adio, adio
meine Liebe, ich will deine Leiche lieben. (Rosetta nä-

hert sich ihm wieder.) Tränen, Rosetta? Ein feiner Epikuräismus – weinen zu können. Stelle dich in die Sonne,
dass die köstlichen Tropfen krystallisieren, es muss
prächtige Diamanten geben. Du kannst dir ein Hals-
band daraus machen lassen.

ROSETTA. Wohl Diamanten, sie schneiden mir in die Augen. Ach Leonce! (Will ihn umfassen.)

LEONCE. Gib Acht! Mein Kopf! Ich habe unsere Liebe
darin beigesetzt. Sieh zu den Fenstern meiner Augen
hinein. Siehst du, wie schön tot das arme Ding ist?
Siehst du die zwei weißen Rosen auf seinen Wangen
und die zwei roten auf seiner Brust? Stoß mich nicht,
dass ihm kein Ärmchen abbricht, es wäre schade. Ich
muss meinen Kopf gerade auf den Schultern tragen, wie
die Totenfrau einen Kindersarg.

ROSETTA (scherzend). Narr!

LEONCE. Rosetta! (Rosetta macht ihm eine Fratze.) Gott
sei Dank! (Hält sich die Augen zu.)

ROSETTA (erschrocken). Leonce, sieh mich an.

LEONCE. Um keinen Preis!

ROSETTA. Nur einen Blick!

LEONCE. Keinen! ⟨W⟩einst du? Um ein klein wenig, und
meine liebe Liebe käme wieder auf die Welt. Ich bin froh,
dass ich sie begraben habe. Ich behalte den Eindruck.

ROSETTA (entfernt sich traurig und langsam, sie singt im
Abgehn:)

    Ich bin eine arme Waise,
    Ich fürchte mich ganz allein.
    Ach lieber Gram –
    Willst du nicht kommen mit mir heim?

LEONCE (allein). Ein sonderbares Ding um die Liebe.
Man liegt ein Jahr lang schlafwachend zu Bette, und an
einem schönen Morgen wacht man auf, trinkt ein Glas
Wasser, zieht seine Kleider an und fährt sich mit der
Hand über die Stirn und besinnt sich – und besinnt
sich. – Mein Gott, wie viel Weiber hat man nötig, um

---

1 f. **Epikuräismus:** nach der Lebensphilosophie, die Epikur zugeschrieben wird und dem
sinnlichen Genuss höchsten Stellenwert einräumt | 15 **Totenfrau:** Totenwäscherin (wäscht
und kleidet Verstorbene vor der Beisetzung)

die Scala der Liebe auf und ab zu singen? Kaum dass
eine einen Ton ausfüllt. Warum ist der Dunst über unsrer Erde ein Prisma, das den weißen Glutstrahl der Liebe in einen Regenbogen bricht? – (Er trinkt.) In welcher
Bouteille steckt denn der Wein, an dem ich mich heute   5
betrinken soll? Bringe ich es nicht einmal mehr so weit?
Ich sitze wie unter einer Luftpumpe. Die Luft so scharf
und dünn, dass mich friert, als sollte ich in Nankin-
hosen Schlittschuh laufen. – Meine Herren, meine Herren, wisst ihr auch, was Caligula und Nero waren? Ich   10
weiß es. – Komm Leonce, halte mir einen Monolog, ich
will zuhören. Mein Leben gähnt mich an, wie ein großer weißer Bogen Papier, den ich vollschreiben soll,
aber ich bringe keinen Buchstaben heraus. Mein Kopf
ist ein leerer Tanzsaal, einige verwelkte Rosen und zer- 15
knitterte Bänder auf dem Boden, geborstene Violinen in
der Ecke, die letzten Tänzer haben die Masken abge-
nommen und sehen mit todmüden Augen einander an.
Ich stülpe mich jeden Tag vierundzwanzigmal herum,
wie einen Handschuh. O ich kenne mich, ich weiß was   20
ich in einer Viertelstunde, was ich in acht Tagen, was ich
in einem Jahre denken und träumen werde. Gott, was
habe ich denn verbrochen, dass du mich, wie einen
Schulbuben, meine Lektion so oft hersagen lässt? – Bravo Leonce! Bravo! (Er klatscht.) Es tut mir ganz wohl,   25
wenn ich mir so rufe. He! Leonce! Leonce!

VALERIO (unter einem Tisch hervor). Eure Hoheit
scheint mir wirklich auf dem besten Weg, ein wahrhafti-
ger Narr zu werden.

LEONCE. Ja, beim Licht besehen, kommt es mir eigent-   30
lich ebenso vor.

VALERIO. Warten Sie, wir wollen uns darüber sogleich
ausführlicher unterhalten. Ich habe nur noch ein Stück
Braten zu verzehren, das ich aus der Küche, und etwas
Wein, den ich von Ihrem Tische gestohlen. Ich bin   35
gleich fertig.

1 **Scala:** Tonleiter | 5 **Bouteille:** (frz.) Flasche | 8 f. **Nankinhosen:** modische gelbe Sommer-
hosen aus glattem, chinesischem Baumwollstoff | 10 **Caligula und Nero:** zwei wegen
ihrer Selbstherrlichkeit und Grausamkeit berüchtigte römische Kaiser

LEONCE. Das schmatzt. Der Kerl verursacht mir ganz idyllische Empfindungen; ich könnte wieder mit dem Einfachsten anfangen, ich könnte Käs essen, Bier trinken, Tabak rauchen. Mach fort, grunze nicht so mit deinem Rüssel, und klappre mit deinen Hauern nicht so.

VALERIO. Wertester Adonis, sind Sie in Angst um Ihre Schenkel? Sein Sie unbesorgt, ich bin weder ein Besenbinder, noch ein Schulmeister. Ich brauche keine Gerten zu Ruten.

LEONCE. Du bleibst nichts schuldig.

VALERIO. Ich wollte, es ginge meinem Herrn ebenso.

LEONCE. Meinst du, damit du zu deinen Prügeln kämst? Bist du so besorgt um deine Erziehung?

VALERIO. O Himmel, man kömmt leichter zu seiner Erzeugung, als zu seiner Erziehung. Es ist traurig, in welche Umstände einen andere Umstände versetzen können! Was für Wochen hab ich erlebt, seit meine Mutter in die Wochen kam! Wie viel Gutes hab ich empfangen, das ich meiner Empfängnis zu danken hätte?

LEONCE. Was deine Empfänglichkeit betrifft, so könnte sie es nicht besser treffen, um getroffen zu werden. Drück dich besser aus, oder du sollst den unangenehmsten Eindruck von meinem Nachdruck haben.

VALERIO. Als meine Mutter um das Vorgebirg der guten Hoffnung schiffte …

LEONCE. Und dein Vater an Cap Horn Schiffbruch litt … ↗

VALERIO. Richtig, denn er war Nachtwächter. Doch ↗ setzte er das Horn nicht so oft an die Lippen, als die Väter edler Söhne an die Stirn.

LEONCE. Mensch, du besitzest eine himmlische Unverschämtheit. Ich fühle ein gewisses Bedürfnis, mich in nähere Berührung mit ihr zu setzen. Ich habe eine große Passion dich zu prügeln.

VALERIO. Das ist eine schlagende Antwort und ein triftiger Beweis.

LEONCE (geht auf ihn los). Oder du bist eine geschlagene

6 **Adonis:** schöner Jüngling | 16 **andere Umstände:** Schwangerschaft | 24 f. **das Vorgebirg der guten Hoffnung:** die Südspitze von Afrika; hier auch bildliche Anspielung auf eine Schwangerschaft (»in guter Hoffnung sein«) | 33 **Passion:** Leidenschaft, Lust

Antwort. Denn du bekommst Prügel für deine Antwort.

VALERIO (läuft weg, Leonce stolpert und fällt). Und Sie sind ein Beweis, der noch geführt werden muss, denn er fällt über seine eigenen Beine, die im Grund genommen selbst noch zu beweisen sind. Es sind höchst unwahrscheinliche Waden und sehr problematische Schenkel.

Der Staatsrat tritt auf. Leonce bleibt auf dem Boden sitzen. Valerio.

PRÄSIDENT. Eure Hoheit verzeihen …

LEONCE. Wie mir selbst! Wie mir selbst! Ich verzeihe mir die Gutmütigkeit Sie anzuhören. Meine Herren wollen Sie nicht Platz nehmen? – Was die Leute für Gesichter machen, wenn sie das Wort Platz hören! Setzen Sie sich nur auf den Boden und genieren Sie sich nicht. Es ist doch der letzte Platz, den Sie einmal erhalten, aber er trägt niemand etwas ein, als dem Totengräber.

PRÄSIDENT (verlegen mit den Fingern schnipsend). Geruhen Eure Hoheit …

LEONCE. Aber schnipsen Sie nicht so mit den Fingern, wenn Sie mich nicht zum Mörder machen wollen.

PRÄSIDENT (immer stärker schnipsend). Wollten gnädigst, in Betracht …

LEONCE. Mein Gott, stecken Sie doch die Hände in die Hosen, oder setzen Sie sich darauf. Er ist ganz aus der Fassung. Sammeln Sie sich.

VALERIO. Man darf Kinder nicht während des P⟨issens⟩ unterbrechen, sie bekommen sonst eine Verhaltung.

LEONCE. Mann, fassen Sie sich. Bedenken Sie Ihre Familie und den Staat. Sie riskieren einen Schlagfluss, wenn Ihnen Ihre Rede zurücktritt.

PRÄSIDENT (zieht ein Papier aus der Tasche). Erlauben Eure Hoheit. –

LEONCE. Was, Sie können schon lesen? Nun denn …

PRÄSIDENT. Dass man der zu erwartenden Ankunft von

28 **Verhaltung:** Urinstauung | 30 **Schlagfluss:** Schlaganfall

Eurer Hoheit verlobter Braut, der durchlauchtigsten
Prinzessin Lena von Pipi, auf morgen sich zu gewärti-
gen habe, davon lässt Ihro königliche Majestät Eure
Hoheit benachrichtigen.

5 LEONCE. Wenn meine Braut mich erwartet, so werde ich
ihr den Willen tun und sie auf mich warten lassen. Ich
habe sie gestern Nacht im Traum gesehen, sie hatte ein
Paar Augen so groß, dass die Tanzschuhe meiner Rosetta zu Augenbrauen darüber gepasst hätten, und auf
10 den Wangen war kein Grübchen zu sehen, sondern ein
Paar Abzugsgruben für das Lachen. Ich glaube an Träume. Träumen Sie auch zuweilen Herr Präsident? Haben
Sie auch Ahnungen?

VALERIO. Versteht sich. Immer die Nacht vor dem Tag,
15 an dem ein Braten an der königlichen Tafel verbrennt,
ein Kapaun krepiert, oder Ihre königliche Majestät
Leibweh bekommt.

LEONCE. A propos, hatten Sie nicht noch etwas auf der
Zunge? Geben Sie nur alles von sich.

20 PRÄSIDENT. An dem Tage der Vermählung ist ein höchster Wille gesonnen, seine allerhöchsten Willensäußerun-
gen in die Hände Eurer Hoheit niederzulegen.

LEONCE. Sagen Sie einem höchsten Willen, dass ich alles
tun werde, das ausgenommen, was ich werde bleiben
25 lassen, was aber jedenfalls nicht so viel sein wird, als
wenn es noch einmal so viel wäre. – Meine Herren, Sie
entschuldigen, dass ich Sie nicht begleite, ich habe gerade die Passion zu sitzen, aber meine Gnade ist so groß,
dass ich sie ja mit den Beinen doch nicht ausmessen
30 kann. (Er spreizt die Beine auseinander.) Herr Präsident, nehmen Sie doch das Maß, damit Sie mich später
daran erinnern. Valerio gib den Herren das Geleite.

VALERIO. Das Geläute? Soll ich dem Herrn Präsidenten
eine Schelle anhängen? Soll ich sie führen, als ob sie auf
35 allen Vieren gingen?

LEONCE. Mensch, du bist nichts als ein schlechtes Wort- ↗

2 f. **sich zu gewärtigen:** zu erwarten | 16 **Kapaun:** kastrierter, gemästeter Hahn | 34 **eine Schelle anhängen:** zum Narren machen

spiel. Du hast weder Vater noch Mutter, sondern die fünf Vokale haben dich miteinander erzeugt.

VALERIO. Und Sie Prinz, sind ein Buch ohne Buchstaben, mit nichts als Gedankenstrichen. – Kommen Sie jetzt meine Herren. Es ist eine traurige Sache um das Wort k o m m e n, will man ein Einkommen, so muss man stehlen, an ein Aufkommen ist nicht zu denken, als wenn man sich hängen lässt, ein Unterkommen findet man erst, wenn man begraben wird, und ein Auskommen hat man jeden Augenblick mit seinem Witz, wenn man nichts mehr zu sagen weiß, wie ich zum Beispiel eben, und Sie, e h e Sie noch etwas gesagt haben. Ihr Abkommen haben Sie gefunden und Ihr Fortkommen werden Sie jetzt zu suchen ersucht. (Staatsrat und Valerio ab.)

LEONCE (allein). Wie gemein ich mich zum Ritter an den armen Teufeln gemacht habe! Es steckt nun aber doch einmal ein gewisser Genuss in einer gewissen Gemeinheit. – Hm! Heiraten! Das heißt einen Ziehbrunnen leer trinken. O Shandy, alter Shandy, wer mir deine Uhr schenkte! – (Valerio kommt zurück.) Ach Valerio, hast du es gehört?

VALERIO. Nun Sie sollen König werden, das ist eine lustige Sache. Man kann den ganzen Tag spazieren fahren und den Leuten die Hüte verderben durchs viele Abziehen, man kann aus ordentlichen Menschen ordentliche Soldaten ausschneiden, so dass alles ganz natürlich wird, man kann schwarze Fräcke und weiße Halsbinden zu Staatsdienern machen, und wenn man stirbt, so laufen alle blanken Knöpfe blau an und die Glockenstricke reißen wie Zwirnfaden vom vielen Läuten. Ist das nicht unterhaltend?

LEONCE. Valerio! Valerio! Wir müssen was anderes treiben. Rate!

VALERIO. Ach die Wissenschaft, die Wissenschaft! Wir wollen Gelehrte werden! a priori? oder a posteriori?

---

36 a priori: von vornherein, von der Wahrnehmung unabhängig | **36 a posteriori:** nachträglich, aus der Wahrnehmung gewonnen

LEONCE. A priori, das muss man bei meinem Herrn Vater lernen; und a posteriori fängt alles an, wie ein altes
Märchen: es war einmal!

VALERIO. So wollen wir Helden werden. (Er marschiert
trompetend und trommelnd auf und ab.) Trom – trom –
pläre – plem!

LEONCE. Aber der Heroismus fuselt abscheulich und bekommt das Lazarettfieber und kann ohne Lieutenants
und Rekruten nicht bestehen. Pack dich mit deiner Ale-
xanders- und Napoleonsromantik!

VALERIO. So wollen wir Genies werden.

LEONCE. Die Nachtigall der Poesie schlägt den ganzen
Tag über unserm Haupt, aber das Feinste geht zum
Teufel, bis wir ihr die Federn ausreißen und in die Tinte
oder die Farbe tauchen.

VALERIO. So wollen wir nützliche Mitglieder der
menschlichen Gesellschaft werden.

LEONCE. Lieber möchte ich meine Demission als Mensch
geben.

VALERIO. So wollen wir zum Teufel gehen.

LEONCE. Ach der Teufel ist nur des Kontrastes wegen da,
damit wir begreifen sollen, dass am Himmel doch eigentlich etwas sei. (Aufspringend.) Ah Valerio, Valerio,
jetzt hab ich's! Fühlst du nicht das Wehen aus Süden?
Fühlst du nicht wie der tiefblaue glühende Äther auf
und ab wogt, wie das Licht blitzt von dem goldnen,
sonnigen Boden, von der heiligen Salzflut und von den
Marmor-Säulen und Leibern? Der große Pan schläft
und die ehernen Gestalten träumen im Schatten über
den tiefrauschenden Wellen von dem alten Zaubrer Virgil, vom Tarantella und Tambourin und tiefen tollen
Nächten, voll Masken, Fackeln und Guitarren. Ein Lazzaroni! Valerio! Ein Lazzaroni! Wir gehen nach Italien.

---

7 **fuselt:** riecht nach Alkohol (Fusel) | 8 **Lazarettfieber:** ansteckende Krankheiten in
überfüllten Lagern | 18 **Demission:** Rücktritt | 25 **Äther:** Himmel | 28 **Pan:** Hirtengott der
griechischen Mythologie | 31 **Tarantella:** süditalienischer Volkstanz | 32 f. **Lazzaroni:** arme
Leute bzw. Müßiggänger

Vierte Szene

Ein Garten.
Prinzessin Lena im Brautschmuck. Die Gouvernante.

LENA. Ja, jetzt. Da ist es. Ich dachte die Zeit an nichts. Es
ging so hin, und auf einmal richtet sich d e r Tag vor mir
auf. Ich habe den Kranz im Haar – und die Glocken,
die Glocken! (Sie lehnt sich zurück und schließt die
Augen.) Sieh, ich wollte, der Rasen wüchse so über
mich und die Bienen summten über mir hin; sieh, jetzt
bin ich eingekleidet und habe Rosmarin im Haar. Gibt
es nicht ein altes Lied:
  Auf dem Kirchhof will ich liegen
  Wie ein Kindlein in der Wiegen, –
GOUVERNANTE. Armes Kind, wie Sie bleich sind unter
Ihren blitzenden Steinen.
LENA. O Gott, ich könnte lieben, warum nicht? Man
geht ja so einsam und tastet nach einer Hand, die einen
hielte, bis die Leichenfrau die Hände auseinandernähme
und sie jedem über der Brust faltete. Aber warum
schlägt man einen Nagel durch zwei Hände, die sich
nicht suchten? Was hat meine arme Hand getan? (Sie
zieht einen Ring vom Finger.) Dieser Ring sticht mich
wie eine Natter.
GOUVERNANTE. Aber – er soll ja ein wahrer Don Carlos
sein.
LENA. Aber – ein Mann –
GOUVERNANTE. Nun?
LENA. Den man nicht liebt. (Sie erhebt sich.) Pfui! Siehst
du, ich schäme mich. – Morgen ist aller Duft und Glanz
von mir gestreift. Bin ich denn wie die arme, hilflose
Quelle, die jedes Bild, das sich über sie bückt, in ihrem
stillen Grund abspiegeln muss? Die Blumen öffnen und
schließen, wie sie wollen, ihre Kelche der Morgensonne
und dem Abendwind. Ist denn die Tochter eines Königs
weniger, als eine Blume?

GOUVERNANTE (weinend). Lieber Engel, du bist doch ein
   wahres Opferlamm.
LENA. Ja wohl – und der Priester hebt schon das Messer.
   – Mein Gott, mein Gott, ist es denn wahr, dass wir uns
5 selbst erlösen müssen mit unserem Schmerz? Ist es denn
   wahr, die Welt sei ein gekreuzigter Heiland, die Sonne
   seine Dornenkrone und die Sterne die Nägel und Speere
   in seinen Füßen und Lenden?
GOUVERNANTE. Mein Kind, mein Kind! ich kann dich
10 nicht so sehen. – Es kann nicht so gehen, es tötet dich.
   Vielleicht, wer weiß! Ich habe so etwas im Kopf. Wir
   wollen sehen. Komm! (Sie führt die Prinzessin weg.)

Zweiter Akt

Wie ist mir eine Stimme doch erklungen,
Im tiefsten Innern,
Und hat mit einem Male mir verschlungen
All mein Erinnern!   5
    A d a l b e r t   v o n   C h a m i s s o

Erste Szene

Freies Feld. Ein Wirtshaus im Hintergrund.
Leonce und Valerio, der einen Pack trägt, treten auf.

VALERIO (keuchend). Auf Ehre, Prinz, die Welt ist doch   10
    ein ungeheuer weitläuftiges Gebäude.
LEONCE. Nicht doch! Nicht doch! Ich wage kaum die
    Hände auszustrecken, wie in einem engen Spiegelzim-
    mer, aus Furcht überall anzustoßen, dass die schönen
    Figuren in Scherben auf dem Boden lägen und ich vor   15
    der kahlen, nackten Wand stünde.
VALERIO. Ich bin verloren.
LEONCE. Da wird niemand einen Verlust dabei haben als
    wer dich findet.
VALERIO. Ich werde mich wenigstens in den Schatten   20
    meines Schattens stellen.
LEONCE. Du verflüchtigst dich ganz an der Sonne. Siehst
    du die schöne Wolke da oben? Sie ist wenigstens ein
    Viertel von dir. Sie sieht ganz wohlbehaglich auf deine
    gröbere materielle Stoffe herab.   25
VALERIO. Die Wolke könnte Ihrem Kopf nichts schaden,
    wenn man Ihnen denselben scheren und sie Tropfen für
    Tropfen darauf fallen ließ. – Ein köstlicher Einfall. Wir
    sind schon durch ein Dutzend Fürstentümer, durch ein
    halbes Dutzend Großherzogtümer und durch ein paar   30

Königreiche gelaufen und das in der größten Überei-
lung in einem halben Tage und warum? Weil man König
werden und eine schöne Prinzessin heiraten soll. Und
Sie leben noch in einer solchen Lage? I ch begreife Ihre
Resignation nicht. Ich begreife nicht, dass Sie nicht Ar-
senik genommen, sich auf das Geländer des Kirchturms
gestellt und sich eine Kugel durch den Kopf gejagt haben, um es ja nicht zu verfehlen.

LEONCE. Aber Valerio, die Ideale! Ich habe das Ideal eines Frauenzimmers in mir und muss es suchen. Sie ist
unendlich schön und unendlich geistlos. Die Schönheit
ist da so hülflos, so rührend wie ein neugebornes Kind.
Es ist ein köstlicher Kontrast. Diese himmlisch stupiden
Augen, dieser göttlich einfältige Mund, dieses schafnasi-
ge griechische Profil, dieser geistige Tod in diesem geis-
tigen Leib.

VALERIO. Teufel! Da sind wir schon wieder auf der
Grenze; das ist ein Land wie eine Zwiebel, nichts als
Schalen, oder wie ineinandergesteckte Schachteln, in der
größten sind nichts als Schachteln und in der kleinsten
ist gar nichts. (Er wirft seinen Pack zu Boden.) Soll
denn dieser Pack mein Grabstein werden? Sehen Sie
Prinz ich werde philosophisch, ein Bild des menschlichen Lebens. Ich schleppe diesen Pack mit wunden Füßen durch Frost und Sonnenbrand, weil ich abends ein
reines Hemd anziehen will und wenn endlich der
Abend kommt, so ist meine Stirn gefurcht, meine Wange hohl, mein Auge dunkel und ich habe grade noch
Zeit, mein Hemd anzuziehen, als Totenhemd. Hätte ich
nun nicht gescheiter getan, ich hätte mein Bündel vom
Stecken gehoben und es in der ersten besten Kneipe
verkauft, und hätte mich dafür betrunken und im Schatten geschlafen, bis es Abend geworden wäre, und hätte
nicht geschwitzt und mir keine Leichdörner gelaufen?
Und Prinz, jetzt kommt die Anwendung und die
Praxis. Aus lauter Schamhaftigkeit wollen wir jetzt auch

---

5 Resignation: Unentschlossenheit | **5 f. Arsenik:** starkes Gift | **34 Leichdörner:** Hühner-
augen

den inneren Menschen bekleiden und Rock und Hosen inwendig anziehen. (Beide gehen auf das Wirtshaus los.) Ei du lieber Pack, welch ein köstlicher Duft, welche Weindüfte und Bratengerüche! Ei ihr lieben Hosen, wie wurzelt ihr im Boden und grünt und blüht und die langen schweren Trauben hängen mir ins Maul und der Most gärt unter der Kelter. (Sie gehen ab.) 5

Prinzessin Lena. Die Gouvernante.

GOUVERNANTE. Es muss ein bezauberter Tag sein, die Sonne geht nicht unter, und es ist so unendlich lang seit unsrer Flucht. 10

LENA. Nicht doch, meine Liebe, die Blumen sind ja kaum welk, die ich zum Abschied brach, als wir aus dem Garten gingen.

GOUVERNANTE. Und wo sollen wir ruhen? Wir sind noch auf gar nichts gestoßen. Ich sehe kein Kloster, keine Eremiten, keine Schäfer. 15

LENA. Wir haben alles wohl anders geträumt mit unsern Büchern hinter der Mauer unsers Gartens, zwischen unsern Myrten und Oleandern. 20

GOUVERNANTE. O die Welt ist abscheulich! An einen irrenden Königssohn ist gar nicht zu denken.

LENA. O sie ist schön und so weit, so unendlich weit. Ich möchte immer so fort gehen Tag und Nacht. Es rührt sich nichts. Was ein roter Schein über den Wiesen spielt 25 von den Kuckucksblumen und die fernen Berge liegen auf der Erde wie ruhende Wolken.

GOUVERNANTE. Du mein Jesus, was wird man sagen? Und doch ist es so zart und weiblich! Es ist eine Entsagung. Es ist wie die Flucht der heiligen Odilia. Aber wir 30 müssen ein Obdach suchen. Es wird Abend.

LENA. Ja die Pflanzen legen ihre Fiederblättchen zum Schlaf zusammen und die Sonnenstrahlen wiegen sich an den Grashalmen wie müde Libellen.

---

9 **bezauberter:** verzauberter (angelehnt an die Sprache der Bibel, Neues Testament, Apostelgeschichte 8,9) | 17 **Eremiten:** Einsiedler | 20 **Myrten und Oleandern:** südländische Pflanzen (die Myrte galt als Symbol der Keuschheit) | 26 **Kuckucksblumen:** Knabenkräuter (Pflanzen mit sexueller Symbolik)

Zweite Szene

Das Wirtshaus auf einer Anhöhe an einem Fluss,
weite Aussicht. Der Garten vor demselben.
Valerio. Leonce.

5   VALERIO. Nun Prinz, liefern Ihre Hosen nicht ein köstli-
ches Getränk? Laufen Ihnen Ihre Stiefel nicht mit der
größten Leichtigkeit die Kehle hinunter?
LEONCE. Siehst du die alten Bäume, die Hecken, die Blumen, das alles hat seine Geschichten, seine lieblichen
10   heimlichen Geschichten. Siehst du die greisen freundli-
chen Gesichter unter den Reben an der Haustür? Wie
sie sitzen und sich bei den Händen halten und Angst
haben, dass sie alt sind und die Welt noch so jung ist. O
Valerio, und ich bin so jung und die Welt ist so alt. Ich
15   bekomme manchmal eine Angst um mich und könnte
mich in eine Ecke setzen und heiße Tränen weinen aus
Mitleid mit mir.
VALERIO (gibt ihm ein Glas). Nimm diese Glocke, diese
Taucherglocke und senke dich in das Meer des Weines,
20   dass es Perlen über dich schlägt. Sieh wie die Elfen über
dem Kelch der Weinblumen schweben, goldbeschuht,
die Cymbeln schlagend.
LEONCE (aufspringend). Komm Valerio, wir müssen was
treiben, was treiben. Wir wollen uns mit tiefen Gedan-
25   ken abgeben; wir wollen untersuchen wie es kommt,
dass der Stuhl auf drei Beinen steht und nicht auf zwei,
dass man sich die Nase mit Hülfe der Hände putzt und
nicht wie die Fliegen mit den Füßen. Komm, wir wollen Ameisen zergliedern, Staubfäden zählen; ich werde
30   es doch noch zu irgendeiner fürstlichen Liebhaberei
bringen. Ich werde doch noch eine Kinderrassel finden,
die mir erst aus der Hand fällt, wenn ich Flocken lese
und an der Decke zupfe. Ich habe noch eine gewisse
Dosis Enthusiasmus zu verbrauchen; aber wenn ich al-

---

22 **Cymbeln:** Musikinstrument (gegeneinander geschlagene Metallbecken)

les recht warm gekocht habe, so brauche ich eine un-
endliche Zeit um einen Löffel zu finden, mit dem ich
das Gericht esse und darüber steht es ab.

VALERIO. Ergo bibamus. Diese Flasche ist keine Gelieb- 5
te, keine Idee, sie macht keine Geburtsschmerzen, sie
wird nicht langweilig, wird nicht treulos, sie bleibt eins
vom ersten Tropfen bis zum letzten. Du brichst das Sie-
gel und alle Träume, die in ihr schlummern, sprühen dir
entgegen.

LEONCE. O Gott! Die Hälfte meines Lebens soll ein Ge- 10
bet sein, wenn mir nur ein Strohhalm beschert wird, auf
dem ich reite, wie auf einem prächtigen Ross, bis ich
selbst auf dem Stroh liege. – Welch unheimlicher
Abend. Da unten ist alles still und da oben wechseln
und ziehen die Wolken und der Sonnenschein kommt 15
wieder. Sieh, was seltsame Gestalten sich dort jagen,
sieh die langen weißen Schatten mit den entsetzlich ma-
gern Beinen und Fledermausschwingen und alles so
rasch, so wirr und da unten rührt sich kein Blatt, kein
Halm. Die Erde hat sich ängstlich zusammenge- 20
schmiegt, wie ein Kind und über ihre Wiege schreiten
die Gespenster.

VALERIO. Ich weiß nicht, was Ihr wollt, mir ist ganz be-
haglich zu Mut. Die Sonne sieht aus wie ein Wirtshaus-
schild und die feurigen Wolken darüber, wie die Auf- 25
schrift: Wirtshaus zur goldnen Sonne. Die Erde und das
Wasser da unten sind wie ein Tisch auf dem Wein ver-
schüttet ist und wir liegen darauf wie Spielkarten, mit
denen Gott und der Teufel aus Langeweile eine Partie
machen und Ihr seid der Kartenkönig und ich bin ein 30
Kartenbube, es fehlt nur noch eine Dame, eine schöne
Dame, mit einem großen Lebkuchenherz auf der Brust
und einer mächtigen Tulpe, worin die lange Nase senti-
mental versinkt, (die Gouvernante und die Prinzessin
treten auf) und – bei Gott da ist sie! Es ist aber eigent- 35
lich keine Tulpe, sondern eine Prise Tabak und es ist ei-

---

3 **steht es ab:** wird es schal | 4 **Ergo bibamus:** (lat.) Also lasst uns trinken (häufiger Refrain
in Studentenliedern) | 13 **auf dem Stroh liege:** sterbe

gentlich keine Nase, sondern ein Rüssel. (Zur Gouvernante.) Warum schreiten Sie, Werteste, so eilig, dass
man Ihre weiland Waden bis zu Ihren respektabeln
Strumpfbändern sieht?

5 GOUVERNANTE (heftig erzürnt, bleibt stehen). Warum
reißen Sie, Geehrtester, das Maul so weit auf, dass Sie
einem ein Loch in die Aussicht machen?

VALERIO. Damit Sie, Geehrteste, sich die Nase am Hori-
zont nicht blutig stoßen. Ihre Nase ist wie der Turm auf
10 Libanon, der gen Damaskus steht.

LENA (zur Gouvernante). Meine Liebe, ist denn der Weg
so lang?

LEONCE (träumend vor sich hin). O, jeder Weg ist lang!
Das Picken der Totenuhr in unserer Brust ist langsam
15 und jeder Tropfen Blut misst seine Zeit und unser Leben ist ein schleichend Fieber. Für müde Füße ist jeder
Weg zu lang …

LENA (die ihm ängstlich sinnend zuhört). Und für müde
Augen jedes Licht zu scharf und müde Lippen jeder
20 Hauch zu schwer (lächelnd) und müde Ohren jedes
Wort zu viel. (Sie tritt mit der Gouvernante ins Haus.)

LEONCE. O lieber Valerio! Könnte ich nicht auch sagen:
»Sollte nicht dies und ein Wald von Federbüschen,
nebst ein Paar gepufften Rosen auf meinen Schuhen?«
25 Ich hab es glaub ich ganz melancholisch gesagt. Gott sei
Dank, dass ich anfange mit der Melancholie niederzukommen. Die Luft ist nicht mehr so hell und kalt, der
Himmel senkt sich glühend dicht um mich und schwere
Tropfen fallen. – O diese Stimme: Ist denn der
30 Weg so lang? Es reden viele Stimmen über die Erde
und man meint sie sprächen von andern Dingen, aber
ich hab sie verstanden. Sie ruht auf mir wie der Geist,
da er über den Wassern schwebte, eh das Licht ward.
Welch Gären in der Tiefe, welch Werden in mir, wie
35 sich die Stimme durch den Raum gießt. – Ist denn der
Weg so lang? (Geht ab.)

---

3 **weiland:** ehemaligen | 14 **Picken der Totenuhr:** hier: Schlagen des Herzens

VALERIO. Nein. Der Weg zum Narrenhaus ist nicht so lang, er ist leicht zu finden, ich kenne alle Fußpfade, alle Vicinalwege und Chausseen dorthin. Ich sehe ihn schon auf einer breiten Allee dahin, an einem eiskalten Wintertag den Hut unter dem Arm, wie er sich in die langen Schatten unter die kahlen Bäume stellt und mit dem Schnupftuch fächelt. – Er ist ein Narr! (Folgt ihm.)

Dritte Szene

Ein Zimmer.
Lena. Die Gouvernante.

GOUVERNANTE. Denken Sie nicht an den Menschen.
LENA. Er war so alt unter seinen blonden Locken. Den Frühling auf den Wangen, den Winter im Herzen. Das ist traurig. Der müde Leib findet ein Schlafkissen überall, doch wenn der Geist müd ist, wo soll er ruhen? Es kommt mir ein entsetzlicher Gedanke, ich glaube es gibt Menschen, die unglücklich sind, unheilbar, bloß weil sie sind. (Sie erhebt sich.)
GOUVERNANTE. Wohin mein Kind?
LENA. Ich will hinunter in den Garten.
GOUVERNANTE. Aber –
LENA. Aber, liebe Mutter, du weißt man hätte mich eigentlich in eine Scherbe setzen sollen. Ich brauche Tau und Nachtluft wie die Blumen. Hörst du die Harmonieen des Abends? Wie die Grillen den Tag einsingen und die Nachtviolen ihn mit ihrem Duft einschläfern! Ich kann nicht im Zimmer bleiben. Die Wände fallen auf mich.

---

3 **Vicinalwege:** Nebenstraßen | 3 **Chausseen:** Hauptstraßen | 23 **eine Scherbe:** einen Blumentopf | 26 **Nachtviolen:** Veilchen, die nachts besonders stark duften

Vierte Szene

Der Garten. Nacht und Mondschein. Man sieht Lena auf
dem Rasen sitzend.

VALERIO (in einiger Entfernung). Es ist eine schöne Sache um die Natur, sie ist aber doch nicht so schön, als
wenn es keine Schnaken gäbe, die Wirtsbetten etwas
reinlicher wären und die Totenuhren nicht so in den
Wänden pickten. Drin schnarchen die Menschen und
draußen quaken die Frösche, drin pfeifen die Hausgril-
len und draußen die Feldgrillen. Lieber Rasen, dies ist
ein rasender Entschluss. (Er legt sich auf den Rasen nieder.)
LEONCE (tritt auf). O Nacht, balsamisch wie die erste,
die auf das Paradies herabsank. (Er bemerkt die Prinzessin und nähert sich ihr leise.)
LENA (spricht vor sich hin). Die Grasmücke hat im
Traum gezwitschert, die Nacht schläft tiefer, ihre Wange
wird bleicher und ihr Atem stiller. Der Mond ist wie ein
schlafendes Kind, die goldnen Locken sind ihm im
Schlaf über das liebe Gesicht heruntergefallen. – O sein
Schlaf ist Tod. Wie der tote Engel auf seinem dunkeln
Kissen ruht und die Sterne gleich Kerzen um ihn bren-
nen. Armes Kind, kommen die schwarzen Männer bald
dich holen? Wo ist deine Mutter? Will sie dich nicht
noch einmal küssen? Ach es ist traurig, tot und so al-
lein.
LEONCE. Steh auf in deinem weißen Kleid und wandle
hinter der Leiche durch die Nacht und singe ihr das To-
tenlied.
LENA. Wer spricht da?
LEONCE. Ein Traum.
LENA. Träume sind selig.
LEONCE. So träume dich selig, und lass mich dein seliger
Traum sein.

13 **balsamisch:** wohltuend und lindernd wie Balsam

LENA. Der Tod ist der seligste Traum.

LEONCE. So lass mich dein Todesengel sein. Lass meine
Lippen sich gleich seinen Schwingen auf deine Augen
senken. (Er küsst sie.) Schöne Leiche, du ruhst so lieb-
lich auf dem schwarzen Bahrtuch der Nacht, dass die 5
Natur das Leben hasst und sich in den Tod verliebt.

LENA. Nein, lass mich. (Sie springt auf und entfernt sich
rasch.)

LEONCE. Zu viel! zu viel! Mein ganzes Sein ist in dem einen Augenblick. Jetzt stirb. Mehr ist unmöglich. Wie 10
frischatmend, schönheitglänzend ringt die Schöpfung
sich aus dem Chaos entgegen. Die Erde ist eine Schale
von dunkelm Gold, wie schäumt das Licht in ihr und
flutet über ihren Rand und hellauf perlen daraus die
Sterne. Meine Lippen saugen sich daran: dieser eine 15
Tropfen Seligkeit macht mich zu einem köstlichen Ge-
fäß. Hinab heiliger Becher! (Er will sich in den Fluss
stürzen.)

VALERIO (springt auf und umfasst ihn). Halt Serenissime!

LEONCE. Lass mich! 20

VALERIO. Ich werde Sie lassen, sobald Sie gelassen sind
und das W a s s e r zu lassen versprechen.

LEONCE. Dummkopf!

VALERIO. Ist denn Eure Hoheit noch nicht über die
Lieutenantsromantik hinaus, das Glas zum Fenster hin- 25
auszuwerfen, womit man die Gesundheit seiner Geliebten getrunken?

LEONCE. Ich glaube halbwegs du hast Recht.

VALERIO. Trösten Sie sich. Wenn Sie auch nicht heut
Nacht unter dem Rasen schlafen, so schlafen Sie we- 30
nigstens darauf. Es wäre ein ebenso selbstmörderischer
Versuch in eins von den Betten gehen zu wollen. Man
liegt auf dem Stroh wie ein Toter und wird von den Flö-
hen gestochen wie ein Lebendiger.

LEONCE. Meinetwegen. (Er legt sich ins Gras.) Mensch, 35
du hast mich um den schönsten Selbstmord gebracht.

19 Serenissime: Hoheit

Ich werde in meinem Leben keinen so vorzüglichen
Augenblick mehr dazu finden und das Wetter ist so
vortrefflich. Jetzt bin ich schon aus der Stimmung. Der
Kerl hat mir mit seiner gelben Weste und seinen himmelblauen Hosen alles verdorben. – Der Himmel be-
schere mir einen recht gesunden, plumpen Schlaf.

VALERIO. Amen. – Und ich habe ein Menschenleben gerettet und werde mir mit meinem guten Gewissen heut
Nacht den Leib warm halten. Wohl bekomm's Valerio!

Dritter Akt

Erste Szene

Leonce. Valerio.

VALERIO. Heiraten? Seit wann hat es Eure Hoheit zum ewigen Kalender gebracht? 5

LEONCE. Weißt du auch, Valerio, dass selbst der Geringste unter den Menschen so groß ist, dass das Leben noch viel zu kurz ist, um ihn lieben zu können? Und dann kann ich doch einer gewissen Art von Leuten, die sich einbilden, dass nichts so schön und heilig sei, dass sie es 10 nicht noch schöner und heiliger machen müssten, die Freude lassen. Es liegt ein gewisser Genuss in dieser lieben Arroganz. Warum soll ich ihnen denselben nicht gönnen?

VALERIO. Sehr human und philobestialisch. Aber weiß 15 sie auch, wer Sie sind?

LEONCE. Sie weiß nur dass sie mich liebt.

VALERIO. Und weiß Eure Hoheit auch, wer sie ist?

LEONCE. Dummkopf! Frag doch die Nelke und die Tauperle nach ihrem Namen. 20

VALERIO. Das heißt, sie ist überhaupt etwas, wenn das nicht schon zu unzart ist und nach dem Signalement schmeckt. – Aber, wie soll das gehn? Hm! – Prinz, bin ich Minister, wenn Sie heute vor Ihrem Vater mit der Unaussprechlichen, Namenlosen, mittelst des Ehese- 25 gens zusammengeschmiedet werden? Ihr Wort?

LEONCE. Mein Wort!

VALERIO. Der arme Teufel Valerio empfiehlt sich Sr. Excellenz dem Herrn Staatsminister Valerio von Valerienthal. – »Was will der Kerl? Ich kenne ihn nicht. Fort 30 Schlingel!« (Er läuft weg, Leonce folgt ihm.)

---

4 f. **zum ewigen Kalender:** hier: zur Ehe | 15 **philobestialisch:** tierlieb (Neologismus Büchners) | 22 **Signalement:** Steckbrief

Zweite Szene

Freier Platz vor dem Schlosse des Königs Peter.
Der Landrat. Der Schulmeister. Bauern im Sonntagsputz,
Tannenzweige haltend.

5 LANDRAT. Lieber Herr Schulmeister, wie halten sich
  Eure Leute?
  SCHULMEISTER. Sie halten sich so gut in ihren Leiden,
  dass sie sich schon seit geraumer Zeit aneinander halten.
  Sie gießen brav Spiritus an sich, sonst könnten sie sich
10 in der Hitze unmöglich so lange halten. Courage, Ihr
  Leute! Streckt Eure Tannenzweige grad vor Euch hin,
  dass man meint Ihr wärt ein Tannenwald und Eure Nasen die Erdbeeren und Eure Dreimaster die Hörner
  vom Wildpret und Eure hirschledernen Hosen der
15 Mondschein darin, und merkt's Euch, der Hinterste
  läuft immer wieder vor den Vordersten, dass es aussieht
  als wärt Ihr ins Quadrat erhoben.
  LANDRAT. Und Schulmeister, Ihr stehet vor die Nüch-
  ternheit.
20 SCHULMEISTER. Versteht sich, denn ich kann vor Nüch-
  ternheit kaum mehr stehen.
  LANDRAT. Gebt Acht, Leute, im Programm steht: sämtliche Untertanen werden von freien Stücken reinlich gekleidet, wohlgenährt, und mit zufriedenen Gesichtern
25 sich längs der Landstraße aufstellen. Macht uns keine
  Schande!
  SCHULMEISTER. Seid standhaft! Kratzt Euch nicht hinter
  den Ohren und schneuzt Euch die Nasen nicht mit den
  Fingern, solang das hohe Paar vorbeifährt und zeigt die
30 gehörige Rührung, oder es werden rührende Mittel gebraucht werden. Erkennt was man für Euch tut, man hat
  Euch grade so gestellt, dass der Wind von der Küche
  über Euch geht und Ihr auch einmal in Eurem Leben einen Braten riecht. Könnt Ihr noch Eure Lektion? He! Vi!

9 **Spiritus:** Branntwein | 10 **Courage:** Mut | 13 **Dreimaster:** dreieckige Filzhüte | 14 **Wild-
pret:** Wildbret, Fleisch vom Wild

BAUERN. Vi!

SCHULMEISTER. Vat!

BAUERN. Vat!

SCHULMEISTER. Vivat!

BAUERN. Vivat! 5

SCHULMEISTER. So Herr Landrat. Sie sehen wie die In-
telligenz im Steigen ist. Bedenken Sie, es ist L a t e i n .
Wir geben aber auch heut Abend einen transparenten
Ball mittelst der Löcher in unseren Jacken und Hosen,
und schlagen uns mit unseren Fäusten Cocarden an die 10
Köpfe.

Dritte Szene

Großer Saal. Geputzte Herren und Damen sorgfältig
gruppiert.
Der Ceremonienmeister mit einigen Bedienten auf dem 15
Vordergrund.

CEREMONIENMEISTER. Es ist ein Jammer. Alles geht zu
Grund. Die Braten schnurren ein. Alle Glückwünsche
stehen ab. Alle Vatermörder legen sich um, wie melancholische Schweinsohren. Den Bauern wachsen die Nä- 20
gel und der Bart wieder. Den Soldaten gehn die Locken
auf. Von den zwölf Unschuldigen ist keine, die nicht das
horizontale Verhalten dem senkrechten vorzöge. Sie sehen in ihren weißen Kleidchen aus wie erschöpfte Seiden-
hasen und der Hofpoet grunzt um sie herum wie ein be- 25
kümmertes Meerschweinchen. Die Herrn Offiziere kommen um all ihre Haltung. (Zu einem Diener.) Sage doch
dem Herrn Candidaten, er möge seine Buben einmal das
Wasser abschlagen lassen. – Der arme Herr Hofprediger!
Sein Frack lässt den Schweif ganz melancholisch hängen. 30
Ich glaube er hat Ideale und verwandelt alle Kammerherrn in Kammerstühle. Er ist müde vom Stehen.

---

4 **Vivat!:** (lat.) Er möge leben! | 10 **Cocarden:** am Hut getragene Abzeichen, vor allem poli-
tischer Art | 19 **Vatermörder:** steife Halskragen | 22 **Unschuldigen:** Ehrenjungfrauen

ZWEITER BEDIENTE. Alles Fleisch verdirbt vom Stehen. Auch der Hofprediger ist ganz abgestanden, seit er heut Morgen aufgestanden.

CEREMONIENMEISTER. Die Hofdamen stehen da, wie Gradierbäume, das Salz krystallisiert an ihren Halsketten.

ZWEITER BEDIENTE. Sie machen's sich wenigstens bequem. Man kann ihnen nicht nachsagen, dass sie auf den Schultern tragen. Wenn sie nicht offenherzig sind, so sind sie doch offen bis zum Herzen.

CEREMONIENMEISTER. Ja, sie sind gute Karten vom türkischen Reich, man sieht die Dardanellen und das Marmormeer. Fort, Ihr Schlingel! An die Fenster! Da kömmt Ihro Majestät.

(König Peter und der Staatsrat treten ein.)

PETER. Also auch die Prinzessin ist verschwunden? Hat man noch keine Spur von unserm geliebten Erbprinzen? Sind meine Befehle befolgt? Werden die Grenzen beobachtet?

CEREMONIENMEISTER. Ja, Majestät. Die Aussicht von diesem Saal gestattet uns die strengste Aufsicht. (Zu dem ersten Bedienten.) Was hast du gesehen?

ERSTER BEDIENTE. Ein Hund, der seinen Herrn sucht, ist durch das Reich gelaufen.

CEREMONIENMEISTER (zu einem andern). Und du?

ZWEITER BEDIENTE. Es geht jemand auf der Nordgrenze spazieren, aber es ist nicht der Prinz, ich könnte ihn erkennen.

CEREMONIENMEISTER. Und du?

DRITTER DIENER. Sie verzeihen, nichts.

CEREMONIENMEISTER. Das ist sehr wenig. Und du?

VIERTER DIENER. Auch nichts.

CEREMONIENMEISTER. Das ist noch weniger.

PETER. Aber, Staatsrat, habe ich nicht den Beschluss gefasst, dass meine königliche Majestät sich an diesem Tag

---

12 **Dardanellen:** Meerenge zwischen dem Ägäischen Meer und dem Marmarameer |
12 f. **Marmormeer:** Marmarameer (zwischen dem europäischen und dem asiatischen Teil der Türkei)

freuen und dass an ihm die Hochzeit gefeiert werden
sollte? War das nicht unser festester Entschluss?

PRÄSIDENT. Ja, Eure Majestät, so ist es protokolliert und
aufgezeichnet.

KÖNIG. Und würde ich mich nicht kompromittieren, 5
wenn ich meinen Beschluss nicht ausführte?

PRÄSIDENT. Wenn es anders für Eure Majestät möglich
wäre sich zu kompromittieren, so wäre dies ein Fall,
worin sie sich kompromittieren k ö n n t e .

KÖNIG PETER. Habe ich nicht mein königliches Wort ge- 10
geben? Ja, ich werde meinen Beschluss sogleich ins
Werk setzen, ich werde mich freuen. (Er reibt sich die
Hände.) O ich bin außerordentlich froh!

PRÄSIDENT. Wir teilen sämtlich die Gefühle Eurer Majestät, soweit es für Untertanen möglich und schicklich ist. 15

PETER. O ich weiß mir vor Freude nicht zu helfen. Ich
werde meinen Kammerherrn rote Röcke machen lassen,
ich werde einige Cadetten zu Lieutenants machen, ich
werde meinen Untertanen erlauben – aber, aber, die
Hochzeit? Lautet die andere Hälfte des Beschlusses 20
nicht, dass die Hochzeit gefeiert werden sollte?

PRÄSIDENT. Ja, Eure Majestät.

PETER. Ja, wenn aber der Prinz nicht kommt und die
Prinzessin auch nicht?

PRÄSIDENT. Ja, wenn der Prinz nicht kommt und die 25
Prinzessin auch nicht, – dann – dann

PETER. Dann, dann?

PRÄSIDENT. Dann können sie sich allerdings nicht heiraten.

KÖNIG. Halt, ist der Schluss logisch? Wenn – dann – 30
richtig – Aber mein Wort, mein königliches Wort!

PRÄSIDENT. Tröste sich Eure Majestät mit andern Majes-
täten. Ein königliches Wort ist ein Ding, – ein Ding, –
ein Ding, – das nichts ist.

PETER (zu den Dienern). Seht Ihr noch nichts? 35

DIENER. Eure Majestät, nichts, gar nichts.

---

5 **kompromittieren:** bloßstellen, blamieren

PETER. Und ich hatte beschlossen mich so zu freuen, grade mit dem Glockenschlag zwölf wollte ich anfangen und wollte mich freuen volle zwölf Stunden – ich werde ganz melancholisch.

5 PRÄSIDENT. Alle Untertanen werden aufgefordert die Gefühle Ihrer Majestät zu teilen.

CEREMONIENMEISTER. Denjenigen, welche kein Schnupf-tuch bei sich haben, ist das Weinen jedoch Anstands hal-ber untersagt.

10 ERSTER BEDIENTE. Halt! Ich sehe was! Es ist etwas wie ein Vorsprung, wie eine Nase, das Übrige ist noch nicht über der Grenze; und dann seh ich noch einen Mann und dann noch zwei Personen entgegengesetzten Ge-schlechts.

15 CEREMONIENMEISTER. In welcher Richtung?

ERSTER BEDIENTE. Sie kommen näher. Sie gehn auf das Schloss zu. Da sind sie.

(Valerio, Leonce, die Gouvernante und die Prinzessin treten maskiert auf.)

20 PETER. Wer seid Ihr?

VALERIO. Weiß ich's? (Er nimmt langsam hintereinander mehrere Masken ab.) Bin ich das? oder das? oder das? Wahrhaftig ich bekomme Angst, ich könnte mich so ganz auseinanderschälen und blättern.

25 PETER (verlegen). Aber – aber etwas müsst Ihr dann doch sein?

VALERIO. Wenn Eure Majestät es so befehlen. Aber mei-ne Herren hängen Sie alsdann die Spiegel herum und verstecken Sie Ihre blanken Knöpfe etwas und sehen Sie

30 mich nicht so an, dass ich mich in Ihren Augen spiegeln muss, oder ich weiß wahrhaftig nicht mehr, wer ich ei-gentlich bin.

PETER. Der Mann bringt mich in Konfusion, zur Despe-ration. Ich bin in der größten Verwirrung.

35 VALERIO. Aber eigentlich wollte ich einer hohen und ge-

33 f. **Desperation:** Verzweiflung

ehrten Gesellschaft verkündigen, dass hiemit die zwei
weltberühmten Automaten angekommen sind und dass
ich vielleicht der dritte und merkwürdigste von beiden
bin, wenn ich eigentlich selbst recht wüsste, wer ich
wäre, worüber man übrigens sich nicht wundern dürfte,   5
da ich selbst gar nichts von dem weiß, was ich rede, ja
auch nicht einmal weiß, dass ich es nicht weiß, so dass
es höchst wahrscheinlich ist, dass man mich nur so reden lässt, und es eigentlich nichts als Walzen und
Windschläuche sind, die das alles sagen. (Mit schnarren- 10
dem Ton.) Sehen Sie hier meine Herren und Damen,
zwei Personen beiderlei Geschlechts, ein Männchen
und ein Weibchen, einen Herr und eine Dame. Nichts
als Kunst und Mechanismus, nichts als Pappendeckel
und Uhrfedern. Jede hat eine feine, feine Feder von Ru- 15
bin unter dem Nagel der kleinen Zehe am rechten Fuß,
man drückt ein klein wenig und die Mechanik läuft volle fünfzig Jahre. Diese Personen sind so vollkommen
gearbeitet, dass man sie von andern Menschen gar nicht
unterscheiden könnte, wenn man nicht wüsste, dass sie 20
bloße Pappdeckel sind, man könnte sie eigentlich zu
Mitgliedern der menschlichen Gesellschaft machen. Sie
sind sehr edel, denn sie sprechen hochdeutsch. Sie sind
sehr moralisch, denn sie stehen auf den Glockenschlag
auf, essen auf den Glockenschlag zu Mittag, und gehen 25
auf den Glockenschlag zu Bett, auch haben sie gute
Verdauung, was beweist, dass sie ein gutes Gewissen
haben. Sie haben ein feines sittliches Gefühl, denn die
Dame hat gar kein Wort für den Begriff Beinkleider,
und dem Herrn ist es rein unmöglich, hinter einem 30
Frauenzimmer eine Treppe hinauf oder vor ihm hinun-
terzugehen. Sie sind sehr gebildet, denn die Dame singt
alle neuen Opern und der Herr trägt Manschetten. Geben Sie Acht, meine Herren und Damen, sie sind jetzt
in einem interessanten Stadium, der Mechanismus der 35
Liebe fängt an sich zu äußern, der Herr hat der Dame

schon einigemal den Shawl getragen, die Dame hat
schon einigemal die Augen verdreht und gen Himmel
geblickt. Beide haben schon mehrmals geflüstert: Glaube, Liebe, Hoffnung! beide sehen bereits ganz akkor-
5   diert aus, es fehlt nur noch das einzige Wörtchen:
Amen.

PETER (den Finger an die Nase legend). In effigie? in effigie? Präsident, wenn man einen Menschen in effigie
hängen lässt, ist das nicht ebenso gut, als wenn er or-
10   dentlich gehängt würde?

PRÄSIDENT. Verzeihen, Eure Majestät, es ist noch viel
besser, denn es geschieht ihm kein Leid dabei, und er
wird dennoch gehängt.

PETER. Jetzt hab ich's. Wir feiern die Hochzeit in effigie.
15   (Auf Leonce und Lena deutend.) Das ist der Prinz, das
ist die Prinzessin. Ich werde meinen Beschluss durch-
setzen, ich werde mich freuen. Lasst die Glocken läuten, macht Eure Glückwünsche zurecht, hurtig Herr
Hofprediger.

20   (Der Hofprediger tritt vor, räuspert sich, blickt einigemal
gen Himmel.)

VALERIO. Fang an! Lass deine vermaledeiten Gesichter
und fang an! Wohlauf!

HOFPREDIGER (in der größten Verwirrung). Wenn wir,
25   oder, aber

VALERIO. Sintemal und alldieweil –

HOFPREDIGER. Denn –

VALERIO. Es war vor Erschaffung der Welt –

HOFPREDIGER. Dass –

30   VALERIO. Gott lange Weile hatte –

PETER. Machen Sie es nur kurz, Bester.

HOFPREDIGER (sich fassend). Geruhen Eure Hoheit
Prinz Leonce vom Reiche Popo und geruhen Eure Hoheit Prinzessin Lena vom Reiche Pipi, und geruhen
35   Eure Hoheiten gegenseitig sich beiderseitig einander ha-

---

1 **Shawl:** Schal | 4 f. **akkordiert:** vereinbart | 7 **In effigie:** stellvertretend, in Abwesenheit |
26 **Sintemal und alldieweil:** weil (schon zu Büchners Zeit veraltete Floskeln)

ben zu wollen, so sagen Sie ein lautes und vernehmliches Ja.

LENA und LEONCE. Ja.

HOFPREDIGER. So sage ich Amen.

VALERIO. Gut gemacht, kurz und bündig, so wäre dann 5
das Männlein und das Fräulein erschaffen und alle Tiere
des Paradieses stehen um sie.

(Leonce nimmt die Maske ab.)

ALLE. Der Prinz!

PETER. Der Prinz! Mein Sohn! Ich bin verloren, ich bin 10
betrogen! (Er geht auf die Prinzessin los.) Wer ist die
Person? Ich lasse alles für ungültig erklären.

GOUVERNANTE (nimmt der Prinzessin die Maske ab, triumphierend). Die Prinzessin!

LEONCE. Lena? 15

LENA. Leonce?

LEONCE. Ei Lena, ich glaube das war die Flucht in das
Paradies. Ich bin betrogen.

LENA. Ich bin betrogen.

LEONCE. O Zufall! 20

LENA. O Vorsehung!

VALERIO. Ich muss lachen, ich muss lachen. Eure Hoheiten sind wahrhaftig durch den Zufall einander zugefallen, ich hoffe Sie werden, dem Zufall zu Gefallen, Gefallen aneinander finden. 25

GOUVERNANTE. Dass meine alten Augen endlich das sehen konnten! Ein irrender Königssohn! Jetzt sterb ich
ruhig.

PETER. Meine Kinder ich bin gerührt, ich weiß mich vor
Rührung kaum zu lassen. Ich bin der glücklichste 30
Mann! Ich lege aber auch hiermit feierlichst die Regierung in deine Hände, mein Sohn, und werde sogleich
ungestört jetzt bloß nur noch zu denken anfangen.
Mein Sohn, du überlässest mir diese Weisen (er deutet
auf den Staatsrat), damit sie mich in meinen Bemühun- 35

gen unterstützen. Kommen Sie meine Herren, wir müssen denken, ungestört denken. (Er entfernt sich mit dem Staatsrat.) Der Mensch hat mich vorhin konfus gemacht, ich muss mir wieder heraushelfen.

5 LEONCE (zu den Anwesenden). Meine Herren, meine Gemahlin und ich bedauern unendlich, dass Sie uns heute so lange zu Diensten gestanden sind. Ihre Stellung ist so traurig, dass wir um keinen Preis Ihre Standhaftigkeit länger auf die Probe stellen möchten. Gehn Sie 10 jetzt nach Hause, aber vergessen Sie Ihre Reden, Predigten und Verse nicht, denn morgen fangen wir in aller Ruhe und Gemütlichkeit den Spaß noch einmal von vorn an. Auf Wiedersehn!

(Alle entfernen sich, Leonce, Lena, Valerio und die 15 Gouvernante ausgenommen.)

LEONCE. Nun Lena, siehst du jetzt, wie wir die Taschen voll haben, voll Puppen und Spielzeug? Was wollen wir damit anfangen, wollen wir ihnen Schnurrbärte machen und ihnen Säbel anhängen? Oder wollen wir ihnen 20 Fräcke anziehen, und sie infusorische Politik und Diplomatie treiben lassen und uns mit dem Mikroskop daneben setzen? Oder hast du Verlangen nach einer Drehorgel auf der milchweiße ästhetische Spitzmäuse herumhuschen? Wollen wir ein Theater bauen? (Lena 25 lehnt sich an ihn und schüttelt den Kopf.) Aber ich weiß besser was du willst, wir lassen alle Uhren zerschlagen, alle Kalender verbieten und zählen Stunden und Monden nur nach der Blumenuhr, nur nach Blüte und Frucht. Und dann umstellen wir das Ländchen mit 30 Brennspiegeln, dass es keinen Winter mehr gibt und die uns im Sommer bis Ischia und Capri hinaufdestillieren, und wir das ganze Jahr zwischen Rosen und Veilchen, zwischen Orangen und Lorbeern stecken.

VALERIO. Und ich werde Staatsminister und es wird ein 35 Dekret erlassen, dass wer sich Schwielen in die Hände

---

20 **infusorische:** kleinststaatliche (nach den mikroskopisch kleinen Infusionstierchen) | 31 **Ischia und Capri:** Mittelmeerinseln vor Neapel | 31 **hinaufdestillieren:** die Temperatur erhöhen

schafft unter Kuratel gestellt wird, dass wer sich krank
arbeitet kriminalistisch strafbar ist, dass jeder der sich
rühmt sein Brot im Schweiße seines Angesichts zu essen, für verrückt und der menschlichen Gesellschaft gefährlich erklärt wird und dann legen wir uns in den   5
Schatten und bitten Gott um Makkaroni, Melonen und
Feigen, um musikalische Kehlen, klassische Leiber und
eine komm⟨o⟩de Religion.

1 **Kuratel:** Vormundschaft | 8 **komm⟨o⟩de:** bequeme

Anhang

1. Zur Textgestalt

Der Werktext der vorliegenden Ausgabe folgt der Edition:

> Georg Büchner: Sämtliche Werke und Schriften. Hist.-krit. Ausg. mit Quellendokumentation und Kommentar (Marburger Ausgabe). Im Auftrag der Akademie der Wissenschaften und der Literatur, Mainz, hrsg. von Burghard Dedner und Thomas Michael Mayer. Bd. 6: Leonce und Lena. Hrsg. von Burghard Dedner unter Mitarb. von Arnd Beise und Eva Maria Vering. Text bearb. von Burghard Dedner und Thomas Michael Mayer. Darmstadt: Wissenschaftliche Buchgesellschaft, 2003.

Die Orthographie wurde auf der Grundlage der gültigen amtlichen Rechtschreibregeln behutsam modernisiert; der originale Lautstand und grammatische Eigenheiten blieben gewahrt. Die Interpunktion folgt weitgehend der Druckvorlage.

2. Anmerkungen

5 / 39,4 f. **Alfieri: »E la fama?«** / **Gozzi: »E la fame?«**: Der Tragödiendichter Vittorio Alfieri (1749–1803) und der Komödiant Carlo Gozzi (1720–1806) waren bedeutende, gleichwohl gegensätzliche Repräsentanten des italienischen Theaters des 18. Jahrhunderts. Schon in der »Vorrede« von *Leonce und Lena* zeigt sich damit der für das gesamte Werk (wie auch für Büchners Schaffen überhaupt) charakteristische ›Zitatismus‹. Vgl. Kap. 3.3 mit Abb. 6, S. 63 f.

9 / 43,2–4 **»O wär ich doch ein Narr! …«** / **Wie es Euch gefällt**: Der Titel des hier wörtlich zitierten Lustspiels von William Shakespeare funktioniert an dieser Stelle – als Motto vorangestellt – wie eine ironisch kommentierende Rezeptionsanweisung an die Leser von Büchners Drama. Bei Shakespeare bewundert der melancholische Jacques einen Narren wegen des Gleichmuts, mit dem dieser den Lauf der Welt hinnimmt.

9 / 43,28 **Müßiggänger**: Der »Müßiggang« gehört in denselben Zusammenhang wie die »Langeweile« und vor allem die »Melancholie«, die gemeinsam einen zentralen Themenkomplex des Dramas darstellen. Im aufklärerischen 18. Jahrhundert war der Müßiggang noch eindeutig verpönt und galt als Verstoß gegen die guten Sitten, wogegen die Generation der Romantik um 1800 aufbegehrt hatte.

9 / 43,31–10 / 44,2 **Dass die Wolken … melancholisch**: Diese spezielle Textstelle wurde durch Goethes autobiografische Schrift *Dichtung und Wahrheit* angeregt: »Von einem Engländer wird erzählt, er habe sich aufgehangen, um sich nicht mehr täglich aus- und anzuziehn. Ich kannte einen wackeren Gärtner […], der einmal mit Verdruß ausrief: ›Soll ich denn immer diese Regenwolken von Abend gegen Morgen ziehen sehn!‹« (HA 9,578; vgl. auch Büchners Brief an den Bruder Wilhelm in Kap. 6, S. 87).

10 / 44,18 **das ist der Humor davon**: Der Begriff »Humor« wird hier im ursprünglichen Sinne von ›Stimmung‹ und ›Laune‹ benutzt. Die Wendung ist eine Übernahme aus Shakespeares Drama *Heinrich V.*

10 / 44,20 **Genies**: Anspielung auf jene geistesgeschichtliche und literarische Bewegung des 18. Jahrhunderts, die dem »Genie« als dem ohne vorgegebene Regeln schöpferisch begabten Individuum höchste Bedeutung beimaß (»Genieperiode«). Wichtige deutschsprachige Vertreter waren Jakob Michael Reinhold Lenz

(*Der Hofmeister*), der junge Goethe (*Götz von Berlichingen*, *Prometheus*) und Schiller (*Die Räuber*). Die Dramen Shakespeares waren für diese junge Schriftstellergeneration vorbildhaft.

10 / 44,25 **Frack … Regenschirm:** Kennzeichen des angepassten (Spieß-)Bürgers nach der französischen Julirevolution 1830.

11 / 45,7 **romantische Empfindungen:** Anspielung auf die zu Büchners Zeit schon nicht mehr aktuelle geistesgeschichtliche Epoche der Romantik. *Leonce und Lena* verdankt aber gerade der romantischen Komödientradition entscheidende Anregungen (vgl. Kap. 4).

11 / 45,25 f. **»Hei, da sitzt e Fleig' an der Wand!«:** Dieses eigentlich unsinnige, aber harmlose Lied wurde von demokratischen Oppositionellen im hessischen Frankfurt immer wieder beim plötzlichen Auftauchen der Polizei gesungen.

13 / 47,3 **König Peter wird … angekleidet:** Das Ankleiden einer Person gehört zu den Standardsituationen von Komödien. Hier wird speziell bei König Peter ironisch ausgekostet, dass im höfischen Zeremoniell des Absolutismus selbst die belanglosesten Handlungen bedeutungsvoll inszeniert wurden.

13 / 47,6–15 **Die Substanz … ist ruiniert:** Anspielungen auf unterschiedliche grundlegende philosophische Systeme der Neuzeit, mit denen sich Büchner zum Teil eingehend befasste: Parallel zur Arbeit an *Leonce und Lena* konzipierte er eine Vorlesungsreihe über die Geschichte der Philosophie in Deutschland seit Descartes und Spinoza (vgl. auch Büchners Brief an Wilhelmine Jaeglé in Kap. 6, S. 87).

Der Begriff »Substanz« bezieht sich hier vor allem auf Spinoza, in dessen Philosophie es nur eine einzige Substanz gibt – nämlich Gott. Der Begriff steht für das Selbständige, Bleibende, im Gegensatz zu »Akzidens«, dem Unselbständigen, Abhängigen, Wechselnden. Die anderen Begriffe »Attribut«, »Modifikation«, »Affektion« sind zwischen diesen Polen einzuordnen.

Wenn Peter sich als »Substanz«, als Ding »an sich« bezeichnet und noch dazu bekräftigt: »das bin ich«, verweist er auf die zentrale programmatische, Ludwig XIV. zugeschriebene Äußerung des Absolutismus: »L'État, c'est moi!« (»Der Staat bin ich!«). Die Gleichsetzung von Substanz und »an sich« bzw. dem »ich« orientiert sich an den philosophischen Systemen Kants und Fichtes. Bei Fichte nahm das »ich« die Stelle ein, die bei Spinoza die Substanz bezeichnet hatte.

Vor Fichte revolutionierte Kant das seit Aristoteles gültige System der »Kategorien« (Einteilung aller Gegenstände des Denkens in bestimmte Klassen, oberste Grundbegriffe unserer Erkenntnis). Statt wie bisher zehn solcher Kategorien (Substanz, Qualität, Quantität, Zeit, Ort, Relation, Tätigkeit, Leiden, Lage und Verhalten) postulierte er mit Anspruch auf Vollständigkeit die Existenz von deren zwölf (also »zwei Knöpfe zu viel«, wie König Peter hier sagt), womit er das aristotelische System ›ruinierte‹.

14 / 48,9 **Ein Drittes gibt es nicht:** Der verunsicherte Peter klammert sich an die Logik und den grundlegenden »Satz vom ausgeschlossenen Dritten« (»entweder – oder«), in der Formulierung Hegels: »Etwas ist entweder A oder Nicht-A; es gibt kein Drittes« (*Werke*, Bd. 6, Frankfurt a. M., S. 64).

16 / 50,28 f. **die goldnen Fische in ihren Todesfarben:** Im kaiserzeitlichen Rom gab es die Sitte, bei Gelagen sich im Todeskampf windende Fische zur Schau zu stellen. Dabei schillerten die Schuppen der Tiere in den verschiedensten Farben.

19 / 53,26 **dein Vater ... Schiffbruch litt:** Leonce unterstellt hier der Mutter Valerios eheliche Untreue: Ein »gehörnter Ehemann« meint im übertragenen Sinne einen betrogenen Gatten, ›Schiffbruch leiden‹ war zu Büchners Zeit geläufig für das ›Scheitern in Liebesangelegenheiten‹.

19 / 53,27–29 **Nachtwächter ... Stirn:** Valerio begegnet der vorangegangenen Unterstellung Leonces mit der »Unverschämtheit« (19 / 53,30 f.), den Vorwurf umzukehren: Solches Geschick widerfahre selbst einem Nachtwächter (der ein Signalhorn bläst) nicht so häufig wie Männern des Adels – woraus man schließen könnte, Prinz Leonce selbst sei ein »Bastard«.

21 / 55,36–22 / 56,4 **Mensch ... Gedankenstrichen:** Valerio und Leonce halten sich gegenseitig vor, dass ihre Existenz eine rein sprachlich erzeugte Fiktion sei. Beides gibt es im eigentlichen Sinne nur in diesem Drama und indem sie darin sprechen. Diese Literaturauffassung, die auch in Werken der Romantik zu finden ist (vgl. Kap. 4), ist gleichzeitig eine an Shakespeare orientierte Absage an die lange Zeit dominierende französische (aristotelische) Dramenproduktion. In Valerios Namen sind tatsächlich alle fünf Vokale enthalten – wenn man, wie auf Latein möglich, das ›V‹ als ›U‹ liest. Diese Idee ist vermutlich ebenso wie die Vorstellung eines Buches mit »nichts als Gedankenstrichen« durch entsprechende Wendungen in Romanen Jean Pauls angeregt (*Der Komet oder Nikolaus Marggraf* bzw. *Leben des Quintus Fixlein*).

22/56,20 f. **O Shandy … Uhr schenkte:** Anspielung auf den Roman *Leben und Ansichten von Tristram Shandy, Gentleman* von Laurence Sterne. Der Vater des Erzählers zieht einmal im Monat seine Uhr auf und richtet danach den Geschlechtsverkehr mit seiner Frau.

22/56,36 **a priori … a posteriori:** Zentrale methodische Unterscheidung in der damaligen Wissenschaft, deren philosophischer Jargon vor allem durch die Figur König Peters verspottet wird (vgl. die Anm. zu 13/47,6–15).

23/57,9 f. **Alexanders- und Napoleonsromantik:** bezieht sich auf die zeitgenössische Verehrung der Eroberer Alexander und Napoleon.

23/57,24–33 **Fühlst du nicht … Italien:** Anspielungen auf gängige Motive des zeitgenössischen Italienkults.

23/57,30 f. **Zauberer Virgil:** Publius Vergilius Maro (70–19 v. Chr.); Vergil gilt als wichtigster Autor der klassischen römischen Antike; Verfasser der *Bucolica*, der *Georgica* und der *Aeneis*. Die Sage von seinen Zauberkräften entstand im mittelalterlichen Neapel und wurde von Klerikern des 12. Jahrhunderts in ganz Europa verbreitet.

24/58,10 **Rosmarin:** Der Strauch wird vor allem im Süden Deutschlands bei Hochzeiten, in Norddeutschland allerdings auch als Trauerpflanze verwendet.

24/58,11 **ein altes Lied:** Der Text findet sich unter dem Titel *Gruß* in der Sammlung von Volksliedern *Des Knaben Wunderhorn* von Achim von Arnim und Clemens Brentano.

24/58,20 **einen Nagel durch zwei Hände:** Anspielung auf die Kreuzigung Christi, mit der im Folgenden die Zwangsverheiratung Lenas verglichen wird.

24/58,24 **Don Carlos:** Schillers Dramenheld galt als Symbol für einen ebenso edlen wie schönen Mann.

25/59,4 f. **Mein Gott … Schmerz:** Vgl. im Alten Testament, Psalm 22,2 bzw. im Neuen Testament, Matthäus 27,46 und Markus 15,34: »Mein Gott, mein Gott, warum hast du mich verlassen«.

26/60,2–6 **Wie ist mir … Chamisso:** Adelbert von Chamissos Gedicht *Die Blinde* wird hier, wahrscheinlich aus dem Gedächtnis, ungenau zitiert: »Wie hat mir Einer Stimme Klang geklungen / Im tiefsten Innern, / Und zaubermächtig alsobald verschlungen / All mein Erinnern!«

26/60,29–27/61,2 **ein halbes Dutzend Großherzogtümer …**

Tage: Satire auf die deutschen Klein- und Kleinststaaten in der Vormärzzeit (vgl. Kap. 5).

27 / 61,9–16 **Ideale ... Leib:** Parodie auf das für die deutsche Klassik maßgeblich gewordene Schönheitsideal der griechischen Antike, wie es vor allem von Johann Joachim Winckelmann (1717–1768) propagiert wurde.

28 / 62,30 **Flucht der heiligen Odilia:** Die heilige Odilia (oder Ottilie) ist Schutzpatronin des Elsass. Die Gouvernante denkt an eine Episode der Legende, in der die Heilige kurz vor einer von ihrem Vater eingefädelten Hochzeit über den Rhein flieht. Sie wird zwar von ihren Verfolgern eingeholt, dann aber gerettet, indem sich ein Fels vor ihr öffnet und sie verbirgt.

29 / 63,32 f. **Flocken lese und an der Decke zupfe:** unkontrollierte Handbewegungen delirierender Schwerkranker; sie galten seit Hippokrates als Symptome des nahen Todes.

30 / 64,11 f. **ein Strohhalm ..., auf dem ich reite:** analoge Wendung zu ›sein Steckenpferd reiten‹ (sich seiner Liebhaberei widmen).

31 / 65,9 f. **Turm ..., der gen Damaskus steht:** ironische Anspielung auf Salomos Lob der Schönheit seiner Geliebten (Altes Testament, Hoheslied 7,4).

31 / 65,14 **Picken der Totenuhr:** »Totenuhr« war eine umgangssprachliche Bezeichnung für die Holzmade. Diese Tiere verursachen im Holz ein tickendes Geräusch, das im Aberglauben als Todesvorzeichen galt (vgl. auch 33 / 67,7).

31 / 65,26 f. **mit der Melancholie niederzukommen:** Diese Wendung ist doppeldeutig: »niederkommen« heißt einerseits ›gebären‹, aber auch ›erkranken‹. Indem Leonce die Melancholie gebiert, wird er sie entweder los, oder er erkrankt an ihr. Vgl. auch die Anm. zu 9 / 43,31–10 / 44,2 sowie Kap. 6.

31 / 65,32 f. **der Geist ... schwebte:** Anspielung auf den biblischen Schöpfungsbericht (Altes Testament, 1. Mose 1,2 f.).

33 / 67,27 **Steh auf ... und wandle:** vgl. Jesu Wort im Neuen Testament, Matthäus 9,6 f.: »Ihr sollt aber erkennen, dass der Menschensohn die Vollmacht hat, hier auf der Erde Sünden zu vergeben. Darauf sagte er zu dem Gelähmten: Steh auf, nimm deine Tragbahre, und geh nach Hause! Und der Mann stand auf und ging heim.«

35 / 69,3–5 **Der Kerl ... himmelblauen Hosen alles verdorben:** Anspielung auf Goethes Romanhelden Werther, der sich »in völliger Kleidung, gestiefelt, im blauen Frack mit gelber Weste« erschossen hatte (vgl. HA 6,124).

37 / 71,31–34 **Erkennt ... riecht:** Satire auf die höfische Sitte der »offenen Tafel«, bei der man den Untertanen Gelegenheit gab, die Herrschenden beim Essen zu betrachten.

38 / 72,4 **Vivat!:** (lat.) Er möge leben! Sicherlich wurde Büchner durch die feierlichen Zeremonien anlässlich der Vermählung des hessen-darmstädtischen Erbprinzen mit der bayerischen Prinzessin in München und Darmstadt zu dieser Szene angeregt, vgl. Abb. 9, S. 78.

39 / 73,5 **Gradierbäume:** vermutlich ein Neologismus Büchners, in Anlehnung an das Verfahren der »Tröpfelgradierung« zur Salzgewinnung aus solehaltigem Mineralwasser.

40 / 74,31–34 **Aber mein Wort ... das nichts ist:** Anspielung auf den Bruch des Verfassungsversprechens durch deutsche Monarchen im Vormärz. Eigentlich sah die 1815 unterzeichnete Wiener Bundesakte die Umwandlung der absolutistischen Monarchien in konstitutionelle vor, dies gehörte zu den wesentlichen Zielen der Opposition bis zur Revolution 1848. Österreich und Preußen, die mit Abstand bedeutendsten deutschen Staaten, haben dies aber verweigert. Außerdem wird hier Shakespeares *Hamlet* (IV,2) zitiert: »HAMLET. Die Leiche ist beim König, aber der König ist nicht bei der Leiche. Der König ist ein Ding – / GÜLDENSTERN. Ein Ding, gnädiger Herr? / HAMLET. Das nichts ist«.

42 / 76,2 **Automaten:** Bereits im 18. Jahrhundert waren aufziehbare Automaten in Menschengestalt beim Publikum beliebt. Literarisch wird das Motiv schon von Autoren der Romantik wie Clemens Brentano aufgegriffen. – Diese Metapher lag in der Tat in mehrfacher Hinsicht nahe: politisch (mit dem Staatsmodell des Absolutismus), geistesgeschichtlich (mit dem Vordringen der Naturwissenschaften) sowie wirtschaftlich-technologisch (mit dem Durchbruch der Industrialisierung im Laufe des 19. Jahrhunderts).

43 / 77,3 f. **Glaube, Liebe, Hoffnung:** Drei der sieben christlichen Tugenden (vgl. Neues Testament, 1. Kor. 13,13), die im Vormärz oft als beschwichtigend angegriffen wurden.

43 / 77,7 **In effigie:** (lat.) in bildlicher Stellvertretung. In der Regel wurde dieser Rechtsbegriff im Zusammenhang mit Leibstrafen gebraucht, d. h. statt einer Person wurde deren Bild verbrannt oder aufgehängt. Es gab in der frühen Neuzeit allerdings auch die Eheschließung *per procuratorem*, also bei Abwesenheit des Bräutigams, eine Form, von der jedoch nur selten Gebrauch gemacht wurde.

44/78,20 f. **O Zufall! … O Vorsehung!:** Eigentlich sind diese Begriffe, gemäß theologischer Tradition, einander systematisch ent-
   gegengesetzt.

45/79,24 **Theater:** Die Hoftheater waren für die politisch wenig
   bedeutungsvollen deutschen Kleinstaaten ein wichtiges Reprä-
   sentationsmedium. Auch in Darmstadt gab es ein solches Haus,
   das Großherzogliche Theater.

45/79,28 **Blumenuhr:** Eine »Uhr«, in der verschiedene Blumensor-
   ten, die sich zu unterschiedlichen Tageszeiten öffnen oder schließen, die »Zeit« angeben.

3. Leben und Zeit

3.1 Georg Büchner: Schriftsteller, Wissenschaftler, Revolutionär

Abb. 1: Alexis Muston: Porträtskizze von Georg Büchner (Bleistift, 1833)

Zeittafel

17. Oktober 1813	Carl Georg Büchner als ältestes von sieben Kindern in Goddelau (Hessen) geboren
Herbst 1816	Umzug der Familie in die großherzoglich-hessische Residenzstadt Darmstadt, vgl. Abb. 8, S. 77
Herbst 1821	Einschulung in die »Privat-Erziehungs- und Unterrichts-Anstalt für Knaben« von Dr. Carl Weitershausen
26. März 1825	Einschulung in das Großherzogliche Gymnasium in Darmstadt
26. Mai 1828	Konfirmation in der Darmstädter Stadtkirche
30. März 1831	Abschluss des Gymnasiums
9. November 1831	Immatrikulation an der Medizinischen Fakultät der Académie zu Straßburg
Frühjahr 1832	Verlobung mit Wilhelmine Jaeglé (1810–1880), der Tochter seines Straßburger Vermieters
31. Oktober 1833	Immatrikulation an der Medizinischen Fakultät der Großherzoglich-Hessischen Landes-Universität Gießen
18. November 1833	Rückkehr nach Darmstadt wegen einer Hirnhautentzündung
6. Januar 1834	Wiederaufnahme des Studiums in Gießen
Anfang 1834	Bekanntschaft mit dem oppositionellen Butzbacher Pfarrer und Rektor Friedrich Ludwig Weidig (1791–1837); Gründung einer geheimen revolutionären »Gesellschaft der Menschenrechte« in Gießen und Darmstadt
3. Juli 1834	Teilnahme an der Gründungsversammlung eines überregionalen oppositionellen »Preßvereins«
Juli 1834	Erstdruck des *Hessischen Landboten*, vgl. Abb. 9, S. 78
1. August 1834	Verhaftung eines Freundes beim Transport von 139 Exemplaren des *Hessischen Landboten*
September 1834	nach Vorlesungsschluss Rückkehr nach Darmstadt
6. März 1835	Flucht über Weißenburg nach Straßburg
13. Juni 1835	Büchner in Frankfurter und Darmstädter Zeitungen steckbrieflich gesucht, vgl. Abb. 4, S. 62

11. Juli 1835	*Danton's Tod* erscheint als Buchausgabe, vgl. Abb. 2, S. 60
31. Mai 1836	Abschluss der Dissertation »Mémoire sur le système nerveux du barbeau« (»Über das Nervensystem der Barbe«), vgl. Abb. 3, S. 61
Sommer 1836	Beginn der Arbeiten an *Leonce und Lena* und *Woyzeck*; Ausarbeitung einer Vorlesung über die Geschichte der deutschen Philosophie, vgl. den Brief an den Bruder vom 2. September 1836, Kap. 6, S. 87
3. September 1836	Promotion durch die Philosophische Fakultät der Universität Zürich zum »Doktor der Philosophie«
18. Oktober 1836	Übersiedlung von Straßburg nach Zürich
5. November 1836	öffentliche Probevorlesung »Über Schädelnerven«; Ernennung zum Privatdozenten für Vergleichende Anatomie an der Universität Zürich
Januar 1837	Typhus-Infektion; bettlägerig ab dem 2. Februar
19. Februar 1837	Tod Büchners in seiner Wohnung in Zürich
1838	erste Teilveröffentlichung von *Leonce und Lena*
1850	Veröffentlichung der *Nachgelassenen Schriften* durch den Bruder Ludwig
31. Mai 1895	Uraufführung von *Leonce und Lena* in München, vgl. Abb. 12, S. 89

Georg Büchners kurzes Leben verläuft verblüffend produktiv. Allein in dem knappen Jahr zwischen Juni 1835 und Mai 1836, in dem er in Hessen steckbrieflich wegen revolutionärer Umtriebe gesucht wird (vgl. Abb. 4, S. 62), veröffentlicht er sein erstes literarisches Werk, *Danton's Tod* (vgl. Abb. 2, S. 60), und schließt die zoologische Doktorarbeit über das Nervensystem der Barbe ab (vgl. Abb. 3, S. 61). Keine neun Monate später stirbt er im Alter von 23 Jahren.

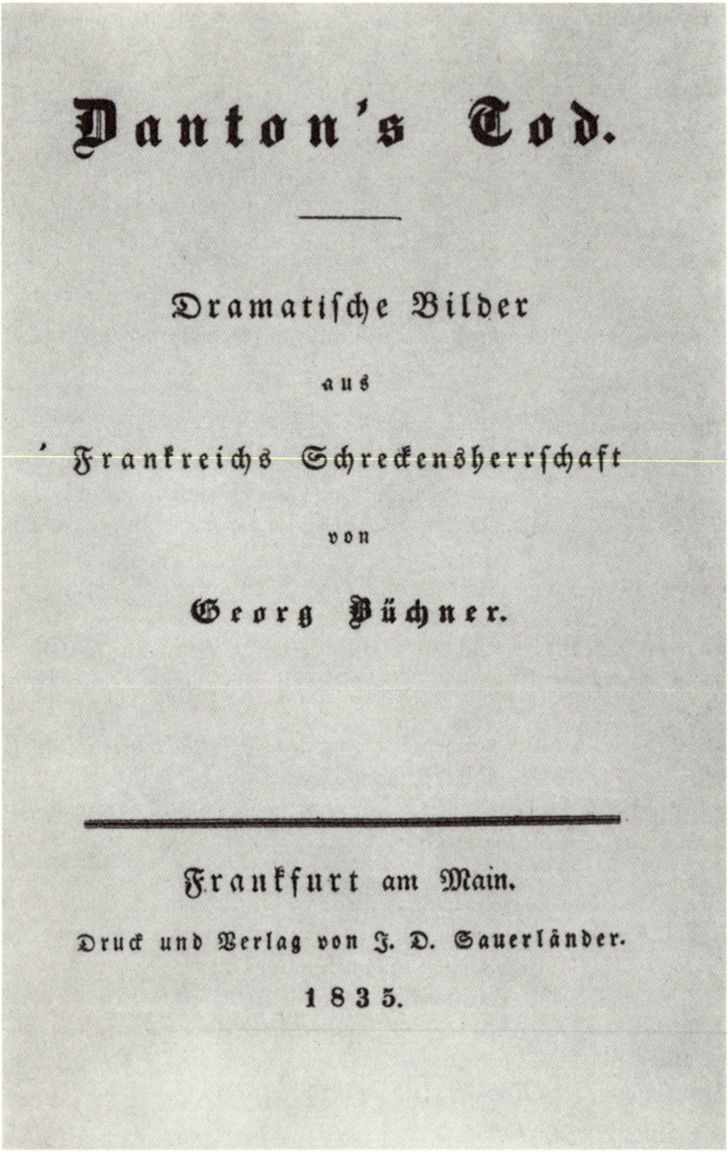

Danton's Tod.

Dramatische Bilder

aus

Frankreichs Schreckensherrschaft

von

Georg Büchner.

Frankfurt am Main.

Druck und Verlag von J. D. Sauerländer.

1835.

Abb. 2: Georg Büchner, der Schriftsteller: Titelblatt der Erstveröffentlichung von *Danton's Tod* (1835)

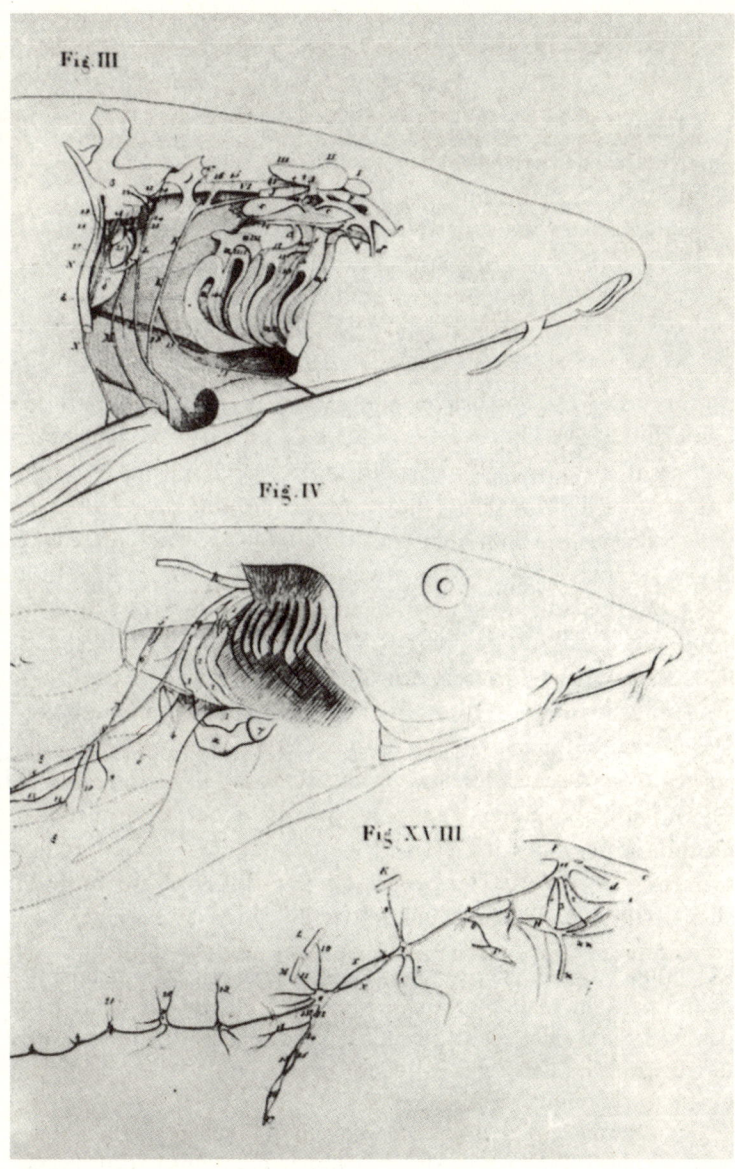

Abb. 3: Georg Büchner, der Wissenschaftler: Zeichnung aus Büchners Doktorarbeit (1836)

> **Bekanntmachungen.**
>
> 1628) [Darmstadt.] Steckbrief. Der hierunter signalisirte Georg Büchner, Student der Medicin aus Darmstadt, hat sich der gerichtlichen Untersuchung seiner indicirten Theilnahme an staatsverrätherischen Handlungen durch die Entfernung aus dem Vaterlande entzogen. Man ersucht deßhalb die öffentlichen Behörden des In- und Auslandes, denselben im Betretungsfalle festnehmen und wohlverwahrt an die unterzeichnete Stelle abliefern zu lassen.
>
> Darmstadt, den 13. Juni 1835.
>
> Der von Großherzogl. Heß. Hofgericht der Provinz Oberhessen bestellte Untersuchungsrichter,
>
> Hofgerichtsrath Georgi.
>
> **Personal-Beschreibung.**
>
> Alter: 21 Jahre,
> Größe: 6 Schuh, 9 Zoll neuen Hessischen Maases,
> Haare: blonde,
> Stirne: sehr gewölbt,
> Augenbraunen: blonde,
> Augen: graue,
> Nase: stark,
> Mund: klein,
> Bart: blond,
> Kinn: rund,
> Angesicht: oval,
> Gesichtsfarbe: frisch,
> Statur: kräftig, schlank,
> Besondere Kennzeichen: Kurzsichtigkeit.

Abb. 4: Georg Büchner, der Revolutionär: Steckbrief Büchners aus der *Großherzoglich Hessischen Zeitung* (18. Juni 1835)

3.2 *Leonce und Lena* – ein Gelegenheitsstück?

Der junge Wissenschaftler und politische Emigrant Georg Büchner benötigte Geld. In dieser Situation bot der Preis von 300 Gulden für das »beste ein- oder zweiaktige Lustspiel in Prosa oder Versen«, den der renommierte Stuttgarter Verlag Cotta ausgelobt hatte, sicherlich einen gewissen Anreiz.

Das Drama *Leonce und Lena* deshalb als reines »Gelegenheitsstück« zu bezeichnen, wie Alfred Döblin in einer Theaterkritik, geht aber dennoch fehl. Büchner hatte sehr wahrscheinlich schon vor Erscheinen der »Preisaufgabe« Ideen zu einem entsprechenden Lustspiel; und nachdem Cotta das Manuskript wegen des versäumten

[16]

Preisaufgabe.

Die Unterzeichnete hat etwas Preis für das beste ein- oder zweiaktige Lustspiel in Prosa oder Versen ausgesetzt.
Die Bewerber stellen ihre Manuscripte, in der üblichen Art mit Devisen versehen, durch Buchhändlergelegenheit oder postfrei hieher gelangen zu lassen.
Drei Männer von anerkannter Urtheilsfähigkeit werden Schiedsrichter seyn; nach erfolgtem Ausspruche wird ihr Name genannt werden.
Das Lustspiel wird in der Allgemeinen Theater-Revue für 1836 abgedruckt, und dem Dichter desselben der Preis von

Dreihundert Gulden R. W.

gleich nach erfolgtem Drucke durch die Unterzeichnete ausbezahlt.
Man darf jedoch annehmen, daß die besseren Bühnen, welche das Stük zur Aufführung bringen, nach der in Frankreich üblichen Art, trotz des vorausgegangenen Druckes, dem Dichter das Honorar nicht vorenthalten werden. Nach drei Jahren steht das Stük dem Dichter wieder als freies Eigenthum zu.
Die Einsendung muß spätestens bis zum 15 Mai erfolgen; die Revue erscheint bis zum Oktober im Drucke.
Stuttgart, den 1 Januar 1836.

J. G. Cotta'sche Buchhandlung.

Abb. 5: »Preisaufgabe« des Verlages J. G. Cotta in der »Außerordentlichen Beilage«
zur *Allgemeinen Zeitung* (16. Januar 1836)

Einsendeschlusses zurückgesandt hatte, arbeitete Büchner noch
weiter daran. Sein früher Tod verhinderte aber die Fertigstellung
des bereits geplanten Dramenbandes mit *Leonce und Lena* und
Woyzeck.

Die Fassung in zwei Akten, die Büchner nach Stuttgart zu Cotta
geschickt hatte, ist heute, ebenso wie die allermeisten Notizen und
Entwürfe aus seiner Hand, verloren – nur drei kurze Fragmente haben sich erhalten. Es gibt also keine von Büchner selbst autorisierte
Version: Der erste Druck durch Büchners Freund Karl Ferdinand
Gutzkow (1811–1878) war 1838 aus Zensurgründen sehr unvollstän-
dig, und die Textgrundlage des zweiten, nun vollständigen Druckes
durch Büchners Bruder Ludwig 1850 beruht auf einer nicht mehr
überprüfbaren Abschrift der gemeinsamen Schwester Luise.

Die *Studienausgabe* des Dramas bei Reclam (Universal-Bibliothek
Nr. 18248) ermöglicht einen genauen Vergleich dieser beiden Dru-
cke und bietet darüber hinaus auch Transkriptionen der erhaltenen
Textfragmente von Georg Büchner selbst.

3.3 Zitatismus

Kennzeichnend für Büchners poetisches Verfahren ist die enorm
hohe Dichte an Anspielungen, (wörtlichen) Zitaten und Übernah-
men aus anderen Texten. Das unterscheidet ihn deutlich von Autoren der sogenannten »Genieperiode« wie Goethe und Schiller und
auch von Vertretern der Romantik (z. B. Novalis, Brentano) und
macht ihn zu einem Wegbereiter der literarischen Moderne.

Die dem ganzen Drama *Leonce und Lena* vorangestellte »Vorrede«

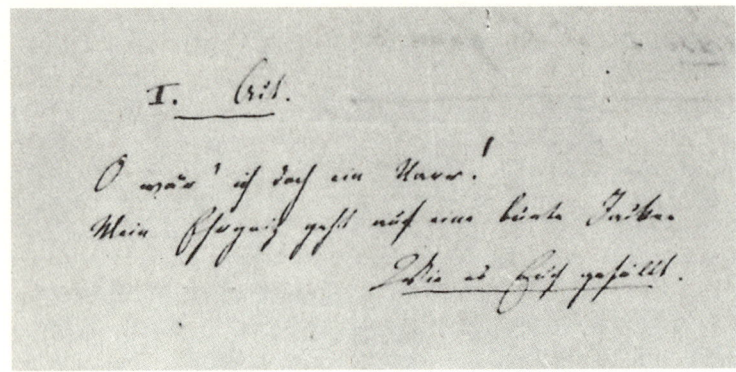

Abb. 6: Motto zu *Leonce und Lena* (Handschrift Georg Büchners)

ist daher nicht nur rein inhaltlich zu verstehen (das Wortspiel mit den ähnlich klingenden Wörtern für Ruhm und Hunger ließe sich zudem auf die Entstehungssituation beziehen). Sie ist auch programmatisch für Büchners Schreibweise insgesamt: Unterschiedliche Zitate – in diesem Falle explizit gekennzeichnet – werden in den Text einmontiert und ergeben in ihrem neuen Zusammenhang auch neue Bedeutung.

4. *Leonce und Lena* in der Tradition der Komödie

4.1 Schiller und Goethe

Bereits in der von Goethe herausgegebenen Zeitschrift *Propyläen* aus dem Jahr 1800 findet sich eine *Dramatische Preisaufgabe*, die zum Verfassen einer Komödie aufruft. Schiller äußert sich in diesem Zusammenhang – eine Generation vor Büchner – grundlegend zur Theorie dieser Gattung und gibt diesbezüglich ein Bild seiner Sicht auf die literarische Landschaft.

»Durch den glücklichen Erfolg der bisherigen Preisaufgaben, in Absicht auf bildende Kunst, hat man sich bewogen gefunden, etwas Ähnliches auch auf dem Felde der *Poesie*, und zwar der *dramatischen*, zu versuchen, welche gegenwärtig im Besitz ist, am meisten unter allen poetischen Gattungen auf den Volksgeschmack zu wirken.

Man gibt hierbei dem Lustspiel den Vorzug vor dem Trauerspiel, weil an jenem überhaupt noch ein größerer Mangel ist und das Neue darin am meisten gefodert wird. Denn ob wir gleich an guten Tragödien vielleicht noch ärmer sind, so kann unsre Bühne sich hier weit mehr als dort durch das Ausland, ja selbst durch das Altertum bereichern, und das Vortreffliche in dieser Gattung veraltet nie, da die *Leidenschaften* auf der unbeweglichen Base der menschlichen Natur gegründet und folglich weit beständiger sind als die *Sitten*, die jedes Land und jeder Zeitmoment verändert.

Man klagt mit Recht, daß die reine Komödie, das lustige Lustspiel, bei uns Deutschen durch das sentimentalische zu sehr verdrängt worden und es ist allerdings ein herrschender Fehler auf unserer komischen Bühne, daß das Interesse noch viel zu sehr aus der Empfindung und aus sittlichen Rührungen geschöpft wird. Das Sittliche aber sowie das Pathetische macht immer ernsthaft, und jene geistreiche Heiterkeit und Freiheit des Gemüts, welche in uns hervorzubringen das schöne Ziel der Komödie ist, läßt sich nur durch eine absolute moralische Gleichgültigkeit erreichen; es sei nun, daß der Gegenstand selbst schon diese Eigenschaft habe, oder daß der Dichter die Kunst besitze, die moralische Tendenz seines Stoffs durch die Behandlung zu überwinden.

Man unterscheidet aber auch in der reinkomischen Gattung noch *Charakterstücke* und *Intrigenstücke*, und es ist eine alte, nicht unge-

₃₀ gründete Bemerkung, daß der deutsche Genius in jener ersten
Klasse nie sehr glänzend erscheinen wird. *Charakterstücke* stellen
uns entweder *Gattungen* (die Molièrische Komödie) oder *Indivi-*
duen (die englische Komödie) dar. Für die letztern ist der deutsche
Charakter an *Originalen* zu arm, und für die erste, kältere Gattung
₃₅ ist der Zeitmoment vorüber. Die Charakterkomödie erfodert im
ganzen eine größere Fülle des Genies von seiten des Dichters und
von seiten des Schauspielers ein tieferes Studium, als man in unsern
Tagen glaubt voraussetzen zu dürfen.

Es bleibet also nur das Feld der Intrigenstücke offen; das Feld
₄₀ ist reich und nicht so leicht als das der Charakterstücke zu er-
schöpfen.

In dem Intrigenstücke sind die Charaktere bloß für die Begebenheiten, in dem Charakterstücke sind die Begebenheiten für die Charaktere erfunden. Das Genie wird das Vorzügliche beider Gattungen
₄₅ auf eine glückliche Art zu vereinigen wissen.

Ein Preis von dreißig Dukaten wird hiermit auf das beste Intrigen-
stück gesetzt.

Die Manuskripte werden vor der Mitte September erwartet.

Diejenigen Stücke, welche sich zu einer Vorstellung qualifizieren,
₅₀ werden aufgeführt.

Sämtliche Arbeiten werden in den Propyläen rezensiert, dabei
wird von den Eigenschaften des Intrigenstücks überhaupt die Rede
sein.

Das Eigentum sowie die freie Disposition bleibt den Verfassern.«

Friedrich Schiller: Sämtliche Werke. Auf Grund der Originaldrucke hrsg. von
Gerhard Fricke und Herbert G. Göpfert. Bd. 5. München: Hanser, ⁹1993. S. 845 f.

4.2 Commedia dell'arte

Büchner bezieht sich in *Leonce und Lena* auch auf die Tradition der
im Italien des 16. Jahrhunderts entstandenen Commedia dell'arte.
Dabei handelt es sich um eine Stegreifkomödie, die ohne schriftlich
fixierten Text aufgeführt wurde. Lediglich der Handlungsverlauf, die
Szenenfolge sowie die nicht als Individuen, sondern allgemein als
Typen gestalteten Charaktere waren vorgegeben. Dabei standen in
der Regel einem jungen Liebespaar in den Rollen der Alten der
geldgierige Pedant *dottore* sowie der geizige Kaufmann und unver-
besserliche Schürzenjäger *pantalone* gegenüber. Flankiert wurde

dieses Personal von diversen Dienerfiguren, von denen der *arlecchino* sich im Laufe der Zeit am weitesten ausdifferenziert hat. Im ungleichen Paar Valerio und Leonce findet man Züge dieser »Maske« wieder.

4.3 Die wichtigsten Bezugstexte: Romantische Komödien

Die wichtigsten Bezugstexte für Büchners *Leonce und Lena* sind zwei Komödien der europäischen Romantik. Von Clemens Brentanos *Ponce de Leon* (1804) übernahm er das strukturierende Motiv der Heilung eines Melancholikers durch die Liebe und nicht zuletzt den überbordenden Sprachwitz. In Alfred de Mussets *Fantasio* (1834) fand er das Lebensgefühl seiner Protagonisten mit ihrer Melancholie und Langeweile mustergültig vorgebildet.

Clemens Brentano, *Ponce de Leon*

1. Akt, 1. Szene

Q

Abend, ein Licht.
Eine kleine bürgerliche Stube in Valerios Haus mit einem Kamin. Ponce, in einer reichen venetianischen Maske, schwarz mit Brillantknöpfen, steht auf einem Tabouret, Valeria, die ihn geputzt hat, 5
kniet vor ihm und zupft ihm die Schleifen an den Schuhen und Beinkleidern zurecht. Ponce ist durch und durch launig, kalt, und gut in dieser Szene zu nehmen.
VALERIA *(sieht an ihm in die Höhe und nickt.)* Ponce?
PONCE. Und? – Wird es bald ein Ende? Man darf euch Mädchen nur 10
unter die Hände kommen, so wird man gleich oder nimmer fertig.
VALERIA. Nimmer, meiner Liebe zu dir wird nimmer ein Ende, ich könnte mein Leben damit zubringen, dich zu putzen – ach! und ich würde nicht fertig. – 15
PONCE. Putze lieber einmal das Licht.
[...]
VALERIA. Wenn nun eine andre die Reihen so mit dir durchfliegt, und deinem Herzen so nahe ist, und ich bin es nicht, – oh! ich möchte auch auf diesem Balle sein, nur sehen wie du tanzest, und 20
alle Augen dir nachgehen; nur in einem Winkelchen möchte ich stehen und für mich sagen: Der Schatz in seinem Herzen ist

ARLECHINO
(1671)

Abb. 7: »Arlechino« aus den »Masken der Commedia dell'arte«, entworfen von
Maurice Sand (1860)

mein, alle die Edelsteine auf seinem Wamse sind nicht mein, aber er, er selbst ist mein.

PONCE. Was liegt dir daran, wenn ich andern gefalle, sei zufrieden, wenn ich dir gefalle.

VALERIA. Du mir – und Valeria, wem?

PONCE. Natürlich jedem, der schöne Mädchen liebt, und also – *(Er küßt sie.)*

VALERIA *(umfaßt ihn)*. Du liebst mich – o Ponce, was wird das werden, daß ich mich nicht vor diesem Putze fürchte, den ich so sorgsam ordne, und dann nicht schone, dich zu umarmen. – Du schweigst?

PONCE *(windet sich los)*. Mache fort, Liebe, ich muß weg.

VALERIA. Dieser Putz ist eine Maske, Ponce, du liebst mich nicht, du hast dich nur maskiert, und ich habe geholfen mich selbst zu betrügen.

PONCE. Gut dann – ich liebe dich, weil du mich so hübsch maskierst.

VALERIA *(traurig)*. Ach und ich maskierte dich, weil ich dich so sehr liebe.

1. Akt, 13. Szene

PORPORINO. Alles wissen macht Kopfweh, und Ihr wißt alles, der Kopf muß Euch brummen wie ein Brummkreisel.

SARMIENTO. Nimm dich in acht, daß er dir nicht an die Schienbeine fährt.

PORPORINO. Anfahren könnt Ihr einen wohl, aber ich bin kein Schienbein.

SARMIENTO. Ja, dein Schienbein mag wohl nur ein Scheinbein sein, und deine Waden falsch. Aber du mußt besser haushalten, Junge; als ich dir die Ohrfeige gab, habe ich dir ja erst Beine gemacht.

PORPORINO. O weh, Ihr wiederholt Euch – ich bitte, sagt mir, ist das Wiederholen Herkommen bei Euch, dann geht nur fort, ich will Euch nicht wieder holen.

SARMIENTO. Du solltest mein Herkommen besser kennen, denn ich gab dir die Ohrfeige, als ich im Begriffe war herzukommen.

1. Akt, 18. Szene

VALERIO. Annonciere mich – Grazioso.

PORPORINO *(vor sich)*. Gott gebe, daß ich nicht wild werde. *(Laut zu den Rittern.)* Ich mache hiermit bekannt, daß Herr Pantalon von

Venedig hier mit seinem berühmten Automaten angekommen
ist, der allen Leuten die Wahrheit sagen kann, und mit ihm sein
vortrefflicher Harlekin, der allen Leuten was vorlügen kann, und
wenn seinen Lügen zu trauen wäre, so wollte ich euch sagen, daß
65 ich dieser Harlekin bin, und einen großen Lusten habe, euch beiden die Wahrheit zu sagen.

VALERIO. Schweig, was soll das? Du avisierst dich selbst.

[...]

Freilich kannst du ihm nicht genug sagen. Verzeiht, edler Ritter,
70 dies ist mein Automate, fragt ihn selbst.

PONCE *(zu Sarmiento)*. Wer bist du?

SARMIENTO. Der Wahrheit Freund.

PONCE. Wer bin ich?

SARMIENTO. Es kann etwas aus Euch werden.

75 PONCE. Wer ist die Dame, die ich liebe?

SARMIENTO.

Wer sich aus langer Weile sehnt,
Mit offnen Maul nach Sehnsucht gähnt,
Und melancholisch-lustig lacht,
80 Den Tag verschläft, die Nacht durchwacht,
Dem ist der Weiber hold Geschlecht,
Wie dir, Don Ponce, ja nimmer recht.

PONCE. Du hast recht, mein Freund, aber das wird bald ein Ende
haben.

85   2. Akt, 4. Szene

PONCE. Nun ist mir wohler, wenn einige von uns fortgehen, habe
ich immer mit den Übriggebliebenen genug, das heißt mit mir.

SARMIENTO. Ihr seid meistens melancholisch, und zwar weil ihr
müßig seid.

90 PONCE. Ihr könntet eher sagen, ich arbeite zuviel Nichts. Ihr solltet
mich kennenlernen, wenn mir nicht alle Geschäfte, die ich nicht
tue, die Zeit nähmen, Euch mein Herz auszuschütten, in dem
nichts ist. – Seht, es gibt keine höllischere Arbeit, als die, welche
man nicht tut; drum macht mir die Liebe viel zu schaffen, ich
95 vernachlässige sie so, daß ich gar nicht dazu kommen kann, die
Melancholie, Freundschaft und Wohltätigkeit einzustellen.

SARMIENTO. Ihr müßt wirklich auf Ruhe denken, das heißt tüchtig
arbeiten.

PONCE. Ja, ich will mich zur Ruhe setzen und Nachtwächter wer-

den. Wahrlich, ich habe alle Hände voll Arbeit für den Müßig- 100
gang. Aber ich merke, es kömmt bald, mein Puls schlägt rascher,
und ich habe heute nacht an das Mädchen gedacht, daß ich aus
Mitleid mit mir selbst im Traume weinte.

SARMIENTO. Ihr gingt schon mit so vielen Weibern um, hat Euch
keine gereizt? Valeria? 105

PONCE. Es war nur mein guter, unerkannter Wille. Wagstücke, die
nicht gelangen. Ich habe sie so emsig auf verschiedene Arten
nicht geliebt, als sie mich liebten. Der Gedanke, der Ruf, das Bild
eines Weibes, diese ferne Strahlen ihrer Sonne können mich allein erwärmen und stärken, der Sonne nach und nach entgegen 110
zu gehen. Valeria hat mich gleich zu Stein geschmolzen. Doch
laufe ich den Sonnenstrahlen nach, und komme endlich auf den
Hügel, so ist es meistens währenddem Nacht geworden.

Clemens Brentano: Ponce de Leon. Ein Lustspiel. Hrsg. von Siegfried Sudhof.
Stuttgart: Reclam, 1968 [u. ö.]. (Reclams Universal-Bibliothek. 8542.) S. 15 f.,
31, 35 f., 50 f.

Alfred de Musset, *Fantasio*

1. Akt, 2. Szene

Eine Straße. SPARK, HARTMANN *und* FACIO *sitzen an einem Tisch
und trinken.*

HARTMANN. Alldieweil heute die Hochzeit der Prinzessin ist, wollen wir trinken, rauchen und versuchen, Krawall zu machen. 5

FACIO. Es wäre gescheit, wenn wir uns unter all das Volk, das durch
die Straßen läuft, mischten und etliche Lampions auf braven Bür-
gersköpfen auslöschten.

SPARK. Ach, geht mir! Wir wollen ruhig weiterrauchen.

HARTMANN. Ich denke gar nicht daran. Wenn ich mich von dem 10
ewigen Bimbam malträtieren lassen muß, dann will ich auch einen richtigen Festtag einläuten. Wo zum Teufel ist nur Fantasio?

SPARK. Warten wir auf ihn. Wir wollen nichts ohne ihn anfangen.
[…]

[Nach den Auftritten eines Ordnungshüters bzw. eines Adjutanten 15
*des Fürsten von Mantua, der die Prinzessin heiraten will, tritt Fan-
tasio zu seinen Freunden.]*

HARTMANN. Auf, packen wir die Mädchen um die Hüfte, ziehen
wir die Bürger an den Zöpfen und zerschmeißen wir die Later-
nen! […] Komm doch, Fantasio. 20

FANTASIO. Ich mache nicht mit, ich mache nicht mit.

HARTMANN. Warum denn nicht?

FANTASIO. Gebt mir ein Glas von dem da. *Er trinkt.*

HARTMANN. Du hast den Mai auf den Backen.

25 FANTASIO. Stimmt; und den Januar im Herzen. Mein Kopf ist wie ein ausgebrannter Kamin; nur Wind und Asche drin. Uff! *Er setzt sich.* Wie es mich langweilt, daß sich alle Welt amüsiert! Ich wollte, dieser große und schwere Himmel würde eine riesige Baumwollnachtmütze und verhüllte diese dumme Stadt und ihre

30 dummen Menschen bis über die Ohren. Also bitte los, erzählt einen recht alten Witz oder irgend etwas gut Aufgewärmtes.

HARTMANN. Weshalb?

FANTASIO. Damit ich lache. Über Neues lache ich nicht mehr; vielleicht lache ich über bereits Bekanntes.

35 HARTMANN. Du scheinst mir zuweilen ein wenig Misanthrop und Melancholiker.

FANTASIO. Alles; ich komme nämlich von meiner Geliebten.

FACIO. Gehörst du zu uns, ja oder nein?

FANTASIO. Ich gehöre zu euch, wenn ihr zu mir gehört. Bleiben wir

40 doch ein wenig hier sitzen, plaudern wir von diesem und jenem und betrachten wir unsere neuen Anzüge.

FACIO. Nein, weiß Gott nicht. Wenn du es über hast zu stehen, so habe ich es satt zu sitzen. Ich muß mich ein wenig in frischer Luft austoben. [...]

45 HARTMANN *und* FACIO *gehen.* FANTASIO *bleibt mit* SPARK *sitzen.*

FANTASIO. Wie verfehlt ist dieser Sonnenuntergang! Die Natur ist heute abend zum Erbarmen. Sieh doch nur dieses Tal dort unten, diese vier oder fünf jämmerlichen Wolken, die auf das Gebirge klettern. Ich malte solche Landschaften mit zwölf Jahren auf die

50 Deckel meiner Klassenhefte.

SPARK. Ein guter Tabak und ein gutes Bier!

FANTASIO. Ich muß dich schon recht langweilen, Spark.

SPARK. Nein; warum?

FANTASIO. Du langweilst mich nämlich schrecklich. Macht es dir

55 denn gar nichts aus, jeden Tag dasselbe Gesicht zu sehen? Was zum Teufel wollen denn Hartmann und Facio bei diesem Fest anfangen?

SPARK. Das sind zwei lebhafte Kerle, die nie auf ihrem Platz bleiben können.

60 FANTASIO. Wie wundervoll ist Tausendundeine Nacht! O Spark,

mein lieber Spark, könntest du mich nach China bringen! Könnte ich nur für eine oder zwei Stunden aus meiner Haut heraus! Könnte ich der Herr dort sein, der vorübergeht!

SPARK. Das scheint mir etwas schwierig.

FANTASIO. Dieser Herr dort ist charmant, sieh doch nur die schönen Seidenhosen und die schönen roten Blumen auf seiner Weste. Sein Uhrgehänge schlägt gegen seinen Wanst und streitet sich mit seinen Rockschößen, die über die Waden hüpfen. Ich bin sicher, dieser Mensch hat in seinem Kopf tausend Gedanken, die mir absolut fremd sind. Sein ganzes Dasein scheint mir absonderlich. Ach, daß sich alles gleicht, was die Menschen zueinander sprechen. In all ihren Gesprächen tauschen sie fast immer die gleichen Gedanken aus. Doch im Innern all dieser isolierten Maschinen, dort gibt es Falten und geheime Fächer! Jeder trägt eine Welt in sich, eine unbekannte Welt, die still geboren wird und stirbt! Was sind alle diese Menschenkörper für Einsamkeiten! 65

70

75

SPARK. Trink doch, du Sonderling, statt dir den Kopf zu zerbrechen.

FANTASIO. Es gibt nur eins, was mich seit drei Tagen amüsiert: meine Gläubiger haben einen Haftbefehl gegen mich erwirkt, und wenn ich mein Haus betrete, sind schon vier Büttel da und wollen mir an den Kragen. 80

SPARK. Das ist in der Tat sehr lustig. Wo wirst du denn heute nacht schlafen?

FANTASIO. Bei der ersten besten. [...] Ich möchte ganz gerne zur Freundin ein Mädchen aus der Oper haben. 85

SPARK. Das wird dich zum Sterben langweilen.

FANTASIO. Durchaus nicht; meine Phantasie wird sich mit Pirouetten und weißseidenen Schuhchen beschäftigen. Mein Handschuh wird vom ersten Januar bis Silvester auf der Balkonbrüstung liegen, in meinen Träumen werden Klarinettensolos trillern, und ich werde mir an Erdbeeren den Magen verderben und so in den Armen meines Liebchens sterben. Merkst du etwas, Spark? Wir haben gar keinen Beruf und keine Beschäftigung. 90

SPARK. Macht dich das traurig?

FANTASIO. Es gibt niemals einen melancholischen Fechtmeister. 95

SPARK. Du machst mir manchmal den Eindruck, als hättest du schon alles hinter dir.

FANTASIO. Ach, um alles hinter sich zu haben, mein Freund, muß man wohl überall gewesen sein.

SPARK. Nun und? 100

FANTASIO. Nun und! Wohin soll ich denn gehen? Sieh dir doch diese alte und rauchige Stadt an. Es gibt keinen Platz, keine Straße, keine Gasse, auf der ich nicht dreißigmal getrottet bin. Es gibt keinen Pflasterstein, über den ich nicht meine abgenutzten Hacken schleppte, kein Haus, von dem ich nicht wüßte, wer das Mädchen oder das alte Weib ist, das seinen dummen Kopf ewig aus dem Fenster beugt. Keinen Schritt kann ich machen, ohne auf meine Schritte von gestern zu treten. Ach, mein Freund, und doch ist diese Stadt nicht mit meinem Hirn zu vergleichen. All seine Windungen sind mir noch hundertfach bekannter; alle Straßen und Löcher meiner Phantasie hundertfach abgetretener. Ich spazierte hundertmal öfter in meinem zerlumpten Hirn, und ich bin sein einziger Einwohner! Ich habe mich in allen Schenken vollgetrunken, ich habe mich wie ein absoluter König in einer goldenen Karosse gewälzt; ich trottete als guter Bürger auf friedlichem Maulesel und wage nur jetzt nicht, wie ein Dieb hineinzuschleichen, die Blendlaterne in der Hand.

[...] Also los, spielen wir Trente-et-Quarante [ein Kartenglücksspiel].

SPARK. Nein, wirklich nicht.

FANTASIO. Warum nicht?

SPARK. Weil wir unser Geld verlieren würden.

FANTASIO. Ach mein Gott, was bildest du dir ein! Über was willst du dir denn noch den Kopf zerbrechen! Du siehst alles zu schwarz, Elender. Unser Geld verlieren! Hast du denn weder Gottesglauben noch Hoffnung im Herzen? Du bist also ein gräßlicher Atheist, fähig, mir das Herz zu verhärten und alles zu verleiden, mir, der ich so voller Saft und Jugend bin. *Er fängt an zu tanzen.*

SPARK. Wahrhaftig, es gibt Augenblicke, wo ich nicht schwören möchte, daß du bei Verstand bist.

FANTASIO *immer noch tanzend.* Man gebe mir eine Glocke, eine Glasglocke!

SPARK. Wozu eine Glocke?

FANTASIO. Sagte nicht einmal Jean Paul: Ein Mensch, der von einer großen Idee erfüllt ist, gleicht einem Taucher unter seiner Glocke, mitten im weiten Ozean? Ich habe keine Glocke, Spark, gar keine Glocke, und ich tanze wie Jesus Christus über das weite Meer.

SPARK. Werde Journalist oder Literat, Henri; das ist noch das wirk-

samste Mittel, das uns bleibt, den Menschenhaß aufzuheitern
und die Phantasie abzutöten. [...]
Warum reist du nicht? Fahr nach Italien.

FANTASIO. Ich bin dort gewesen.

SPARK. Nun, findest du das Land nicht schön?   145

FANTASIO. Es gibt dort eine Art Fliegen, dick wie Maikäfer, die ste-
chen dich die ganze Nacht.

SPARK. Geh nach Frankreich.

FANTASIO. Es gibt keinen guten Rheinwein in Paris.

SPARK. Geh nach England.   150

FANTASIO. Ich bin schon dort; haben denn die Engländer ein Va-
terland? Ich sehe sie genauso gern hier wie bei sich.

SPARK. Dann geh zum Teufel.

FANTASIO. Oh, gäbe es einen Teufel im Himmel! Gäbe es eine
Hölle, wie schnell würde ich mir eine Kugel in den Kopf jagen,   155
um das alles sehen zu können! Was ist der Mensch für ein jäm-
merliches Ding! Daß er nicht einmal aus dem Fenster springen
kann, ohne sich die Beine zu brechen! Zehn Jahre Geige spielen
müssen, um ein passabler Musiker zu werden! Lernen muß man,
damit man Maler wird oder Pferdeknecht! Lernen, um ein Ome-   160
lett zu machen! Sieh, Spark, es packt mich manchmal die Lust,
mich auf eine Brüstung zu setzen, den Fluß fließen zu sehen und
anzufangen zu zählen: eins, zwei, drei, vier, fünf, sechs, sieben
und so fort bis zu meinem seligen Ende.

SPARK. Was du mir da sagst, würde vielleicht viele lachen machen,   165
aber mich läßt es schaudern. Das ist die Geschichte des ganzen
Jahrhunderts. [...]

SPARK. Wärest du verliebt, Henri, dann würdest du der glücklichste
Mensch sein.

FANTASIO . Es gibt keine Liebe mehr, mein Freund. Die Religion,   170
ihre Amme, hat Brüste, die hängen wie eine alte Börse, auf deren
Grund ein dicker Heller liegt [...], es gibt keine Liebe mehr. Es
lebe die Natur! Noch gibt es Wein! *Er trinkt.*

SPARK. Du wirst dich betrinken.

FANTASIO. Ich werde mich betrinken, wie du sagst.   175

SPARK. Es ist ein wenig spät dazu.

FANTASIO. Was nennst du spät? Ist Mittag spät, ist Mitternacht
früh? Woher nimmst du den Tag? Bleiben wir da, Spark, ich bitte
dich. Trinken wir, plaudern wir, analysieren wir, faseln wir, po-
litisieren wir; denken wir uns Regierungskombinationen aus,   180

sammeln wir alle Maikäfer, die gegen diesen Leuchter fliegen, und
tun wir sie in die Tasche. [...]
Sieh, Spark, ich bin voll. Ich muß irgend etwas unternehmen.
Trallala, trallala, los, gehn wir!

Alfred de Musset: Dramen. Aus dem Franz. von Alfred Neumann [u. a.].
Mit Anm., einer Zeittafel und einem Nachw. von Bodo Guthmüller.
München: Winkler, 1981. S. 118–127. – © 1981 Artemis & Winkler im
Verlag Bibliographisches Institut GmbH, Berlin.

5. *Leonce und Lena* als Satire der Vormärzzeit

Leonce und Lena ist alles andere als eine plumpe ›Verlach-Komödie‹. Wie beim politisch hochbewussten, radikal demokratischen Büchner nicht anders zu erwarten, enthält das Drama auch zahlreiche kritische Wendungen gegen die realgeschichtlichen Verhältnisse des Vormärz.

Büchner verbrachte seine Kindheit und Jugend in der Residenzstadt eines spätabsolutistischen Duodezfürstentums, der Anblick des Darmstädter Schlosses war ihm vertraut – allerdings nur von außen.

Zusammen mit Friedrich Ludwig Weidig verfasste Büchner die politische Flugschrift *Der Hessische Landbote*, in der die bestehenden Verhältnisse scharf kritisiert werden. Diese Aktivitäten führten zum Haftbefehl gegen Büchner und zwangen ihn zur Flucht ins Ausland.

Die Hochzeit von Leonce und Lena im dritten Akt des Dramas hat ein reales Vorbild. 1833 wurde mit allem höfischen Zeremoniell die ›Traum‹-Hochzeit des hessen-darmstädtischen Erbprinzen mit einer bayerischen Prinzessin in München und Darmstadt gefeiert. Büchner kannte sicher die »Chronik der Feierlichkeiten, welche auf

Abb. 8: Wilhelm Merck: Das Darmstädter Residenzschloss von Nordwesten (Aquarell mit Tusche, um 1816)

Der Hessische Landbote.

Erste Botschaft.

Darmstadt, im Juli 1834.

Vorbericht.

Dieses Blatt soll dem hessischen Lande die Wahrheit melden, aber wer die Wahrheit sagt, wird gehenkt, ja sogar der, welcher die Wahrheit liest, wird durch meineidige Richter vielleicht ge aft. Darum haben die, welchen dies Blatt zukommt, folgendes zu beobachten:

  1) Sie müssen das Blatt sorg ltig außerhalb ihres Hauses vor der Polizei verwahren;

  2) sie dürfen es nur an treue Freunde mittheilen;

  3) denen, welchen sie nicht trauen, wie sich selbst, dürfen sie es nur heimlich hinlegen;

  4) würde das Blatt dennoch bei Einem gefunden, der es gelesen hat, so muß er gestehen, daß er es eben dem Kreisrath habe bringen wollen;

  5) wer das Blatt nicht gelesen hat, wenn man es bei ihm fin= det, der ist natürlich ohne Schuld.

Friede den Hütten! Krieg den Pallästen!

Im Jahr 1834 siehet es aus, als würde die Bibel Lügen gestraft. Es sieht aus, als hätte Gott die Bauern und Handwerker am 5ten Tage, und die Fürsten und Vornehmen am 6ten gemacht, und als hätte der Herr zu diesen gesagt: Herrschet über alles Gethier, das auf Erden kriecht, und hätte die Bauern und Bürger zum Gewürm gezählt. Das Leben der Vornehmen ist ein langer Sonntag, sie wohnen in schönen Häusern, sie tragen zierliche Kleider, sie haben feiste Gesichter und reden eine eigne Sprache; das Volk aber liegt vor ihnen wie Dünger auf dem Acker. Der Bauer geht hinter dem Pflug, der Vornehme aber geht hinter ihm und dem Pflug und treibt ihn mit den Ochsen am Pflug, er nimmt das Korn und läßt ihm die Stoppeln. Das Leben des Bauern ist ein langer Werktag; Fremde verzehren seine Aecker vor seinen Augen, sein Leib ist eine Schwiele, sein Schweiß ist das Salz auf dem Tische des Vornehmen.

Im Großherzogthum Hessen sind 718,373 Einwohner, die geben an den Staat jährlich an 6,363,364 Gulden, als

1) Direkte Steuern	2,128,131	fl.
2) Indirecte Steuern	2,478,264	„
3) Domänen	1,547,394	„
4) Regalien	46,938	„
5) Geldstrafen	98,511	„
6) Verschiedene Quellen	64,198	„
	6,363,363	fl.

Dies Geld ist der Blutzehnte, der von dem Leib des Volkes genommen wird. An 700,000 Menschen schwitzen, stöhnen und hungern dafür. Im Namen des Staates wird es erpreßt, die Presser berufen sich auf die Regierung und die Regierung sagt, das sey nöthig die Ordnung im Staat zu erhalten. Was ist denn nun das für gewaltiges Ding: der Staat? Wohnt eine Anzahl Menschen in einem Land und es sind Verordnungen oder Gesetze vorhanden, nach denen jeder sich richten muß, so sagt man, sie bilden einen Staat. Der Staat also sind Alle; die Ordner im Staate sind die Gesetze, durch welche das Wohl Aller gesichert wird, und die aus dem Wohl Aller hervorgehen sollen.—Seht nun, was man in dem Großherzogthum aus dem Staat gemacht hat; seht was es heißt: die Ordnung im Staate erhalten!

Abb. 9: *Der Hessische Landbote* (1834)

Veranlassung der hohen Vermählung Seiner Hoheit des Erbgroß-
herzogs Ludwig von Hessen mit Ihrer Königl. Hoheit der Prinzessin
Mathilde von Bayern in Bayern und Hessen Statt fanden. Nebst kur-
zen Lebensumrissen des Durchlauchtigsten Hohen Paares«, die im
Jahr darauf bei Friedrich Merz in Darmstadt gedruckt wurde. Im folgenden Auszug wird ein Augenzeugenbericht über die Feierlichkeiten in Offenbach wiedergegeben:

»An der Grenze des Kreises wurden I. I. K. H. H. von dem Großher-
zogl. Kreisrath und Kreissekretär zuerst bewillkommt und am
Weichbild der Stadt waren 2 Obelisken mit Hessischem und Bayerischen Wappen und den verschlungenen Namenszügen der Hohen Neuvermählten errichtet, wo eine Deputation der Stadt und die
mit den beiden Landesfarben in Schärpen und Cocarden ge-
schmückte Ehrencavallerie in zwei Divisionen I. I. K. H. H. empfin-
gen, und unter dem Geläute aller Glocken durch die Stadt, welche
mit blau- und roth-weißfarbigen Fahnen decoriert war, bis zu dem
Absteighotel, dem von Aussen und Innen elegant geschmückten
Hessischen Hof, unter dem beständigen Vivatruf der versammelten
ganzen Bürgerschaft begleiteten. Die Regimentsmusik spielte das
schöne Lied: ›Heil unserm Fürsten Heil!‹ welches in den Herzen
aller treuen Hessen wiederhallte. Sechszig, in beiden Landesfarben
gekleidete, zu beiden Seiten der Stiege aufgestellte Jungfrauen
streuten Blumen von der Straße an bis in den Empfangssaal, in
welchem die Civil-, Militär- und geistlichen Behörden, ihre Huldi-
gung darzubringen, sich versammelt hatten.«

Georg Büchner: Sämtliche Werke und Schriften. Hist.-krit. Ausg. mit
Quellendokumentation und Kommentar (Marburger Ausgabe). Bd. 6:
Leonce und Lena. Hrsg. von Burghard Dedner unter Mitarb. von Arnd Beise
und Eva Maria Vering. Darmstadt: Wissenschaftliche Buchgesellschaft, 2003.
S. 410. – © 2003 Wissenschaftliche Buchgesellschaft, Darmstadt.

Der Blick auf eine politische Landkarte der Zeit (Abb. 10) zeigt, dass
Büchner mit seiner Satire auf die deutschen Kleinstaaten nur mä-
ßig übertreibt.

Kurz nach der gescheiterten Revolution von 1848/49 wurde *Leonce und Lena* denn auch in einem eindeutig zeitkritischen Sinne
verstanden – nachdem Büchners unmittelbare Zeitgenossen zu-
nächst von den zahlreichen Romantizismen irritiert waren. So
schreibt der demokratische Publizist Wilhelm Schulz im Jahre 1851:

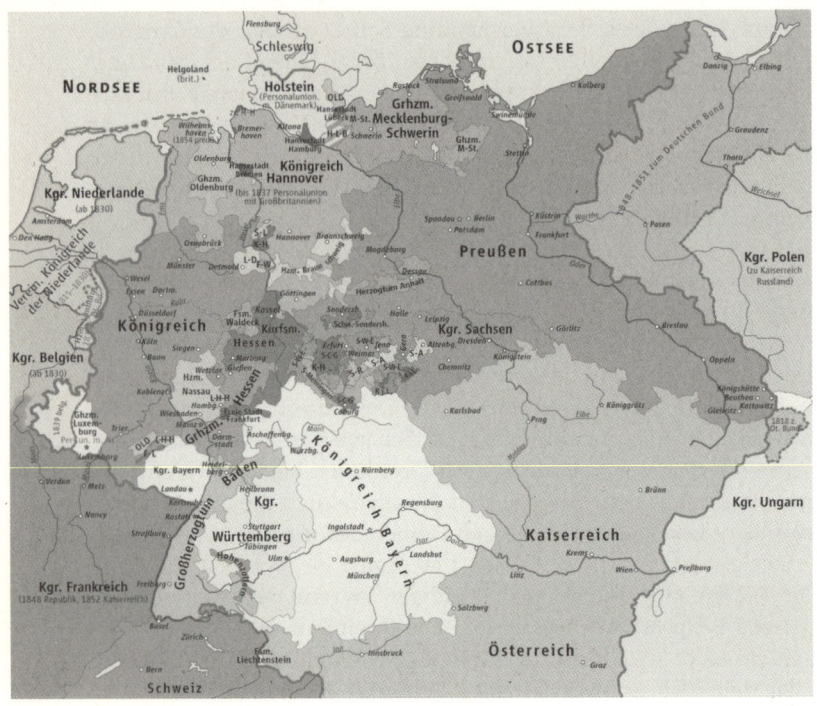

Abb. 10: Der Deutsche Bund 1815–1866
Wikimedia Commons / CC BY-SA 2.5 / kgberger

Q »Versteht sich, daß in diesem Lustspiele das Reich *Popo*, unter der
Regierung Sr. Maj. des Königs Peter, ein specifisch *deutscher* Mus-
terstaat ist. Sollte wohl gar schon der ahnende Geist des Dichters in
der Vergangenheit des ›mächtigsten rein deutschen Staats‹ dessen
5 glückliche Zukunft erkannt und geweissagt haben? Erst sehen wir
die viel Hoffnung erweckende Herrschaft eines Königs, der sich
zwar mit geringem Erfolge, aber mit desto größerem Eifer auf das
›Denken‹ verlegt; also eine keineswegs sehr gewöhnliche fürstliche
Liebhaberei. Wahrscheinlich denkt er *sieben und zwanzig Jahre* lang
10 darüber nach, ob er die versprochene Constitution geben soll. Aber
er kann darüber mit seinem königlichen Gewissen nicht einig werden; denn alles Denken erregt ihm nur das gerechte Bedenken, daß
er sich durch gemeines Worthalten an der die niedere Moral töd-

tenden höheren Moral seiner fürstlichen Collegen allzu schwer ver-
sündigen würde. Sein unmittelbarer Nachfolger ist ein ›romanti- 15
scher[‹] Kronprinz, der auch zuweilen denkt, aber nur darüber, ›in
welchem Weine er sich heute betrinken will.‹ Am Schlusse octroyirt
sein künftiger Staatsminister das künftige Glück des Staats: ›Und es
wird ein Decret erlassen, daß, wer sich Schwielen in die Hände
schafft, unter Curatel gestellt wird; daß, wer sich krank arbeitet, cri- 20
minalistisch strafbar ist; daß jeder, der sich rühmt, sein Brod im
Schweiße seines Angesichts zu essen, für verrückt und der menschlichen Gesellschaft gefährlich erklärt wird; und dann legen wir uns
in den Schatten und bitten Gott um Makkaroni, Melonen und Feigen, um musikalische Kehlen, classische Leiber und eine commode 25
Religion.‹ Das Beste ist, daß im gesegneten Deutschland dieses romantische Ideal, wenn nicht in den Staaten, doch in den Hofstaaten,
schon lange vier und dreißig Mal verwirklicht ist; etwa mit Aus-
schluß der ›classischen Leiber‹, aber mit besonderem Einschlusse
der ›commoden Religion‹. Für den großen Haufen der Unterthanen 30
bleibt es freilich die günstigste Stellung, ›wenn sie gerade *so* gestellt
sind, daß der Wind von der Hofküche über sie geht und sie auch
einmal in ihrem Leben einen Braten riechen.‹«

Wilhelm Schulz: Nachgelassene Schriften von G. Büchner (1851). Zit. nach:
Walter Grab: Georg Büchner und die Revolution von 1848. Der Büchner-
Essay von Wilhelm Schulz aus dem Jahr 1851. Text und Kommentar.
Königstein i. Ts.: Athenäum, 1985. S. 51–82, hier S. 61 f.

Allerdings wies der Rezensent Julian Schmidt noch im selben Jahr –
abwertend – auf die Schattenseiten dieses Lustspiels hin, in dem er
eine gewisse Nähe zur Exaltiertheit und zum Wahnsinn sah:

»Das Lustspiel: *Leonce und Lena*, ist unter Tieck'schem Einfluß ge-
schrieben. Leonce ist Prinz Zerbino, König Peter ist König Gottlieb,
auch die Nebenfiguren sind entlehnt. – [...] Leonce leidet an der
Modekrankheit des Spleens und der Blasirtheit. [...]
   Es ist der Geist des alten Hamlet, der in diesen frostigen, mit einer 5
wahren Leichenbittermiene vorgetragenen Späßen sein Wesen
treibt. Wir Deutschen haben für dies unheimliche Bild stets die
wunderlichsten Sympathien gehegt. Wir schwärmten unsere eigene
stofflose Unendlichkeit an; wir wiegten uns mit einer gewissen
schadenfrohen Selbstzufriedenheit in diesem gemischten Gefühl 10
der Größe und Erbärmlichkeit. Hamlet gab uns die Phrasen, mit

unserm eignen Schatten zu coquettiren. Wir berauschten uns an
dem Wahnsinn dieser glaubenlosen Welt, die von dem Geist nichts
wissen will, und daher überall Gespenster sieht. Wir waren hoch-
15 müthig in unserm Nichts, und bildeten uns etwas darauf ein, in so-
phistischer Freiheit mit diesem Erdball und seinen Mächten spielen
zu können, deren Quelle wir nirgend anders sahen, als in unseren
eignen Gedanken. Es ist ein Spiel der Freiheit, mit dem unheimlichen Abgrund des eignen Innern zu scherzen, und darum ange-
20 nehm; aber auch bedenklich. Denn wie die Realität sich in Visionen
verliert, so bemächtigen sich die Visionen der Wirklichkeit. Wo das
Leben zu einem bloßen Schein herabsinkt, wird es ein Reich des
Bösen.
      […] Es fällt mir nicht ein, die Schuld dem Einzelnen aufzubürden,
25 aber es ist ein böses Zeichen für die Zeit; es ist das Unheimliche an
jener skeptischen Selbstbeschauung, die uns die Romantik gelehrt;
das böse Wesen jenes Pessimismus, der eigentlich aus aristokratisch
frühreifer Ueberbildung hervorgeht, und der nachher in unserer
sogenannten Demokratie seinen Bodensatz gelassen hat. Ob ich
30 meine Blasirtheit mit demokratischen oder pietistischen Phrasen
beschönige, darauf kommt es am Ende wenig an. –
      Hätte sich Büchner bei längerem Leben zu einer gesunderen,
männlicheren Weltanschauung, zu einer reineren Poesie durchge-
arbeitet? Ich glaube es […]. Mit Gewißheit läßt sich doch darüber
35 nichts ausmachen. Es ist in seinem Denken schon etwas so frühreif
Fertiges, sein Skepticismus und selbst seine Exaltation haben so
wenig Jugendliches, daß man sich die weitere Entwickelung nicht
recht vorstellen kann. Er würde immer in der Reihe der Reflexi-
onsdichter geblieben sein, der Hippel, Arnim, Kleist, Grabbe, Heb-
40 bel, jener Dichter, bei denen das schärfste, kälteste Denken hart an
die unheimlichen Nebel des Wahnsinns streift.

J[ulian] S[chmidt]: Georg Büchner. Nachgelassene Schriften. In: Die Grenz-
boten 10 (1851) Bd. 1. S. 121–128, hier S. 124 f. und 128.

6. *Leonce und Lena* und der »Weltschmerz« des 19. Jahrhunderts

Langeweile, Schwermut und vor allem Melancholie waren in der ersten Hälfte des 19. Jahrhunderts durchaus Modeerscheinungen, und offensichtlich ist damit auch ein zentrales Thema von *Leonce und Lena* umrissen. Richtig ist aber auch, dass diese Phänomene eine viel ältere Tradition besitzen und dass sie im Laufe der Zeiten keineswegs nur negativ bewertet wurden.

Bereits das sogenannte »Problem XXX,1«, eine fälschlicherweise Aristoteles zugeschriebene Abhandlung aus dem 4. Jahrhundert v. Chr., bringt die Melancholie in Zusammenhang mit außerordentlicher Begabung und höchster Kreativität:

»Warum sind alle hervorragenden Männer, ob Philosophen, Staatsmänner, Dichter oder Künstler, offenbar Melancholiker gewesen? Und zwar einige in solchem Maße, daß sie sogar unter den von der schwarzen Galle verursachten krankhaften Anfällen litten, wie in der Heroensage von Herakles berichtet wird. Denn dieser scheint eine solche Naturanlage besessen zu haben, weshalb auch die Alten die Anfälle der Epileptiker nach ihm die ›heilige Krankheit‹ nannten. [...]

Auch viele andere unter den Heroen litten offenbar in derselben Weise [...]. Unter den Späteren waren es Empedokles, Platon und Sokrates und zahlreiche andere berühmte Männer, sowie auch die meisten Dichter. Viele von ihnen wurden von Erkrankungen befallen infolge einer derartigen Mischung in ihrem Körper, bei andern zeigt die Naturanlage eine deutliche Neigung zu diesem Leiden. Alle aber, um es knapp zu sagen, sind also [...] von Natur aus so beschaffen. [...]

So kann auch die schwarze Galle – die von Natur aus [...] kalt ist –, wenn sie [...] im Körper das rechte Maß überschreitet, Schlagflüsse, Lähmungen, Depressionen oder Angstzustände hervorrufen. Wird sie aber übermäßig erwärmt, bewirkt sie übersteigerte Hochgefühle und Sangesfreude, Ekstasen, Aufbrechen von Wunden und anderes dergleichen. Bei den meisten Menschen bewirkt die durch die tägliche Nahrung entstehende Galle keine Veränderung des Charakters, sondern ruft nur im Körper einen entsprechenden schwarzgalligen Krankheitsanfall hervor. Unter denjenigen aber, die von Natur ein solches Temperament besitzen, zeigt sich sogleich große Mannigfaltigkeit von Charakteren, verschieden je nach der Art der

Mischung. So sind zum Beispiel diejenigen, bei denen kalte Galle in
großer Menge vorhanden ist, schlaff und stumpfsinnig, diejenigen
aber, die übermäßig viel warme Galle besitzen, sind geneigt, in Ver-
30 zückung zu geraten, oder sie sind von Natur besonders talentiert
oder stark erotisch veranlagt oder leicht in Zorn oder Begierde zu
erregen; einige wiederum werden schwatzhafter. Viele aber werden
auch, weil diese Wärme nahe dem Sitz des Verstandes ist, von
krankhaften Anfällen der Raserei und der Verzückung ergriffen; so
35 entstehen die Sibyllen, die Wahrsager und alle Gottbegeisterten, soweit sie nicht durch Krankheit, sondern durch ihr physisches Temperament so geworden sind. – Marakos von Syrakus war immer
dann ein besserer Dichter, wenn er in Ekstase war. – Diejenigen jedoch, bei denen die übermäßige Wärme auf ein Mittelmaß abge-
40 schwächt ist, die sind dann zwar Melancholiker, aber besonnener
und weniger exzentrisch, in vieler Hinsicht anderen überlegen, sei
es durch geistige Bildung, sei es durch künstlerische Begabung, sei
es durch staatsmännische Fähigkeit.«

Zit. nach: Raymond Klibansky / Erwin Panofsky / Fritz Saxl: Saturn und
Melancholie. Studien zur Geschichte der Naturphilosophie und Medizin,
der Religion und der Kunst. Übers. von Christa Buschendorf. Frankfurt a. M.:
Suhrkamp, 1992. S. 59–69. – © Suhrkamp Verlag Frankfurt am Main 1992.
Alle Rechte bei und vorbehalten durch Suhrkamp Verlag Berlin.

Die wirkungsvollste Darstellung der Melancholie stammt, an der
Schwelle zur Neuzeit, zweifellos von Albrecht Dürer. Als geflügelte
Engelsgestalt personifiziert, starrt sie in Denkerpose ins Weltall,
umgeben von einer nur scheinbar chaotischen Anordnung ver-
schiedenster Instrumente aus den Bereichen Wissenschaft, Magie
und Kunst.

Wenige Jahre nach Büchners Tod beschrieb der dänische Philo-
soph Sören Kierkegaard diese Erfahrung der Melancholie – aus der
Sicht des von ihm in *Entweder – Oder* geschaffenen fiktiven Ver-
treters einer ästhetischen Weltanschauung und eingebettet in das
Lebensgefühl seiner Zeit.

Q »Wenn nun […] Langeweile eine Wurzel allen Übels ist, was wäre da
natürlicher, als daß man sie zu überwinden sucht. Es kommt jedoch
hier wie überall vornehmlich auf ruhige Überlegung an, damit man
sich nicht, von der Langenweile dämonisch besessen, indem man
5 ihr entfliehen will, gerade in sie hineinarbeitet. Nach Veränderung

Abb. 11: Albrecht Dürer: Melencolia I (Kupferstich, 1514)

rufen alle, die sich langweilen. Hierin bin ich ganz mit ihnen einig, nur gilt es, nach Prinzip zu handeln.

Meine Abweichung von der allgemeinen Anschauung ist hinreichend durch das Wort ›Wechselwirtschaft‹ ausgedrückt. In diesem Wort könnte scheinbar eine Zweideutigkeit liegen, und wenn ich in diesem Wort Raum finden wollte für eine Bezeichnung der allgemeinen Methode, so müßte ich sagen, die Wechselwirtschaft bestehe darin, daß man immer den Boden wechselt. So gebraucht der

Landmann diesen Ausdruck freilich nicht. Doch möchte ich ihn einen Augenblick in diesem Sinne verwenden, um von jener Wechselwirtschaft zu sprechen, die auf der grenzenlosen Unendlichkeit
der Veränderung beruht, ihrer extensiven Dimension.

Diese Wechselwirtschaft ist die vulgäre, die unkünstlerische, und
liegt in einer Illusion. Man ist es müde, auf dem Lande zu Leben,
man reist in die Hauptstadt; man ist seines Heimatlandes müde,
man reist ins Ausland; man ist ›europamüde‹, man reist nach Ameri-
ka usw., man gibt sich einer schwärmerischen Hoffnung hin auf ein
unendliches Reisen von Stern zu Stern. Oder die Bewegung ist eine
andere, aber doch extensiv. Man ist es müde, vom Porzellan zu essen,
man ißt von Silber; man ist des Silbers müde, man ißt von Gold,
man brennt halb Rom nieder, um den Brand Trojas zu sehen. Diese
Methode hebt sich selber auf und ist die schlechte Unendlichkeit. […]

Die Methode, die ich vorschlage, liegt nicht darin, daß man den
Boden wechselt, sondern wie bei der wahren Wechselwirtschaft im
Wechsel des Bewirtschaftungsverfahrens und der Fruchtarten. Hier
liegt gleich das Prinzip der Beschränkung, welches das einzig Ret-
tende in der Welt ist. Je mehr man sich selbst beschränkt, um so
erfinderischer wird man. Ein in Einzelhaft sitzender Gefangener auf
Lebenszeit ist überaus erfinderisch: eine Spinne kann ihm größtes
Ergötzen bereiten. Man denke an die Schulzeit, da man in das Alter
getreten ist, wo keinerlei ästhetische Rücksicht genommen wird bei
der Wahl derer, die einen belehren sollen, und diese daher oft sehr
langweilig sind; wie erfinderisch ist man doch da! Welchen Spaß
kann man daran haben, eine Fliege zu fangen, sie unter einer Nuß-
schale gefangen zu halten und zuzusehen, wie sie mit dieser herum-
laufen kann. Welche Freude macht es doch, ein Loch in den Tisch zu
schneiden, eine Fliege hineinzusperren und durch ein Stück Papier
durch sie hinabzugucken! Wie unterhaltsam kann es doch sein, auf
die eintönige Dachtraufe zu lauschen! Was für ein gründlicher Be-
obachter wird man doch, nicht das leiseste Geräusch oder die leiseste Bewegung entgeht einem. Hier ist die äußerste Spitze jenes
Prinzips, das nicht durch Extensität, sondern durch Intensität Be-
ruhigung sucht.«

Sören Kierkegaard: Entweder – Oder. Tl. I und II. Unter Mitw. von
Niels Thulstrup und der Kopenhagener Kierkegaard-Gesellschaft hrsg. von
Hermann Diem und Walter Rest. Aus dem Dän. von Heinrich Fauteck.
München: Deutscher Taschenbuch Verlag, 2005. S. 338–340. –

Schließlich war auch dem politischen Revolutionär, (Natur-)Wissenschaftler und Autor von *Leonce und Lena* dieses Gefühl keineswegs fremd, wie folgende zwei Briefauszüge aus dessen letzten Lebensmonaten deutlich zeigen.

Brief aus Straßburg an den Bruder Wilhelm vom 2. September 1836

»Ich bin ganz vergnügt in mir selbst, ausgenommen, wenn wir Landregen oder Nordwestwind haben, wo ich freilich einer von denjenigen werde, die Abends vor dem Bettgehn, wenn sie den einen Strumpf vom Fuß haben, im Stande sind, sich an ihre Stubentür zu hängen, weil es ihnen der Mühe zuviel ist, den andern ebenfalls auszuziehen. […] Ich habe mich jetzt ganz auf das Studium der Naturwissenschaften und der Philosophie gelegt, und werde in Kurzem nach *Zürich* gehen, um in meiner Eigenschaft als überflüssiges Mitglied der Gesellschaft meinen Mitmenschen Vorlesungen über etwas ebenfalls höchst Überflüssiges, nämlich über die philosophischen Systeme der Deutschen seit Cartesius und Spinoza, zu halten. – Dabei bin ich gerade daran, sich einige Menschen auf dem Papier totschlagen oder verheiraten zu lassen, und bitte den lieben Gott um einen einfältigen Buchhändler und ein groß Publikum mit so wenig Geschmack, als möglich. Man braucht einmal zu vielerlei Dingen unter der Sonne Mut, sogar, um Privatdozent der Philosophie zu sein.«

Georg Büchner: Werke und Briefe (Münchner Ausgabe). Nach der hist.-krit. Ausg. von Werner R. Lehmann. Komm. von Karl Pörnbacher [u. a.]. München: Deutscher Taschenbuch Verlag, [8]2001. [[1]1988.] S. 321.

Brief aus Zürich an die Braut Wilhelmine Jaeglé vom 13. Januar 1837

»Mein lieb Kind! […] Ich zähle die Wochen bis zu Ostern an den Fingern. Es wird immer öder. So im Anfange ging's: neue Umgebungen, Menschen, Verhältnisse, Beschäftigungen – aber jetzt, da ich an Alles gewöhnt bin, Alles mit Regelmäßigkeit vor sich geht, man vergißt sich nicht mehr. Das Beste ist, meine Phantasie ist tätig, und die mechanische Beschäftigung des Präparierens läßt ihr Raum. Ich sehe dich immer so halb durch zwischen Fischschwänzen, Froschzehen etc. Ist das nicht rührender, als die Geschichte von Abälard, wie sich ihm Heloise immer zwischen die Lippen und das Gebet drängt? O, ich werde jeden Tag poetischer, alle meine Gedanken schwimmen in Spiritus. Gott sei Dank, ich träume wieder viel Nachts, mein Schlaf ist nicht mehr so schwer.«

Ebd. S. 324 f.

7. *Leonce und Lena* in der Rezeption

Die Wirkung Georg Büchners entfaltete sich erst Jahrzehnte nach seinem frühen Tod 1837. Sicher ist es dabei kein Zufall, dass als erstes der Dramen *Leonce und Lena* im Jahre 1895 uraufgeführt wurde:

Abb. 12: Szenenfoto der Uraufführung durch Laiendarsteller des Münchner Vereins »Intimes Theater« 1895 unter der Regie von Ernst von Wolzogen (Lena: Anna Gigl, Leonce: Max Halbe). München, Stadtbibliothek, Monacensia

Galt das Stück doch – gerade auch im Unterschied zu den anderen, zum Teil hochpolitischen Texten – als vergleichsweise harmlos.

Kaum eine Generation später, im Umfeld des Expressionismus, sah man jedoch das »Lustspiel« Büchners ganz und gar nicht mehr als harmlos an. Julius Hart stellte es 1913 mitten ins Zentrum der großen weltanschaulichen Gegensätze.

Q »[V]on dem letzten größten Kampf der Menschheit, dem Kampf zwischen Vernunft und Natur, spricht auch Georg Büchner. Und in seinem Gefühl für die Natur und das Instinktive, Intuitive, in seinem Widerwillen gegen alle Vernunft und allen Intellektualismus
5 geht Hand in Hand Georg Büchner, der Atheist, Materialist, Ludwigs Bruder, mit William Blake, dem Gottschwärmer und Mystiker, ... der Naturalismus mit der Romantik, ... der Revolutionär, Freiheitskämpfer, Barrikadenstürmer und Sozialist mit dem konservativ-agrarischen Bauern-, Acker-, Erd- und Landmenschen. [...]
10 Hier Leonce und Lena und Valerio und dort König Peter, der ›immer denkt‹, *philosophus simplicissimus*, Schelling, Hegel, der Begriff und die abstrakte Weltanschauung. Auch für die Büchnerische Natur und Kunst gibt es nur ein Interesse und einen Kampf: den Kampf gegen eine *Ratio* und einen Vernunftmenschen, einen
15 Theologen, einen Philosophen und Wissenschaftler, der nur diese alogische absurde Natur nicht zu begreifen vermag, nicht in ihr leben, weben und sein will ..., sondern der Narr aller Narren ist und uns seit Jahrtausenden weismacht, man müsse die Logik in sie hineinbringen, sie *Mores* lehren und auf eine moralische Weltordnung
20 festlegen –, das Gesetz und die Regel in ihr aufdecken. [...]
[...] Von dem, was diese beiden Welten und Künste, – die alte asiatisch-lateinisch-romanische Vernunftwelt und Vernunftkunst und die neue germanische Naturwelt und Naturkunst unterscheidet, davon spricht Georg Büchner [...] in dem wundervollen Vor-
25 wort zu *Leonce und Lena*, welches gerade nur zwei kurze Fragen enthält. [...] Tief, inbrünstig, gläubig, wie Shakespeare und Kleist, hat sonst nur noch [...] Büchner zu dieser Lehre vom Künstler sich bekannt, der ichlos ist wie die Natur, die höchste Objektivität, – wie die Natur nur proteisches Wesen, nur Metamorphose und
30 nur Symbiose; und als Symbiose nur Liebe – Liebe allein, leuchtende Sonne der Liebe über allen, Bösen und Guten.«

Julius Hart: Georg Büchner im Lessing-Theater. *Wozzeck. Leonce und Lena.* In: Der Tag (Illustrierter Teil). Nr. 297. 19. Dezember 1913. S. [1]–[3], hier S. [2] f.

Die andere, eher verharmlosende Seite der Rezeption von *Leonce und Lena* blieb bis in die Jahre nach dem Zweiten Weltkrieg dominierend.

Heute ist das Werk Georg Büchners weithin anerkannt (wovon auch sein Erscheinen in den Themenlisten schulischer Abschlussprüfungen zeugt). Vor allem waren und sind es jedoch Schriftsteller, die sich immer wieder programmatisch auf ihren berühmten Kollegen beziehen. Ein öffentlichkeitswirksames Forum hierfür bietet der »Georg-Büchner-Preis«, der seit 1951 von der Deutschen Akademie für Sprache und Dichtung verliehen wird und als der angesehenste und höchstdotierte deutsche Literaturpreis gilt. Die jeweils neu gekürten Preisträger halten alljährlich im zeitlichen Umfeld von Büchners Geburtstag am 17. Oktober die Büchner-Preis-Reden, in denen auch über das Verhältnis zum Namensgeber nachgedacht wird.

Eines der vielen Beispiele für eine kreative, Neues akzentuierende Lektüre von *Leonce und Lena* gab anlässlich des Georg-Büchner-Preises 1980 Christa Wolf: Bei ihr wird die Nebenfigur Rosetta zur Zeugin einer feministisch geprägten Sicht auf Literatur und Geschichte.

»Rosetta, das ist nun mal ihr Los, haust, sich selbst und Leonce unsichtbar, sprachlos, entwirklicht, gerade in jenem verleugneten, schalltoten, wegmanipulierten Raum, den die Welt, der doch auch sie angehört, beim besten Willen nicht wahrnehmen kann. Sie wird definierbar durch das, was sie nicht ist.

Sie läßt sich um ihre Geschichte bringen. Läßt sich die Seele absprechen. Den Verstand. Das Menschsein. Die Verantwortung für sich selbst. Läßt sich verheiraten. Dient dem Mann. Schenkt ihm Erben. Muß ihm glauben, daß die Lust, die er genießt, ihr leider ein für allemal versagt ist. Sie verbirgt ihr Unglück. Tanzt. Hört seinen Vorwurf: Ich möchte schlafen, aber du mußt tanzen.

Rosetta läßt sich ihr Recht nehmen. Den Mund verbieten. Die Trauer. Die Freude. Die Liebe. Die Arbeit. Die Kunst. Sie läßt sich vergewaltigen. Prostituieren. Einsperren. Verrückt machen. [...]
  [...]
Ein sonderbares Ding um die Liebe. Rosetta [...] läßt sich eher zugrunde richten, als daß sie sich zugeben könnte, was ihr ge-

20 schieht: Daß, wenn der denkende Leonce ›Subjekt‹ sagt, niemals sie,
die wirkliche Frau gemeint ist. Daß sie ihm unter die Objekte geraten ist. Daß er also … […]«

Christa Wolf: Von Büchner sprechen. Darmstädter Rede. In: Ch. W.: Werke.
Bd. 8: Essays. Gespräche. Reden. Briefe 1975–1986. Hrsg. von Sonja Hilzinger.
München: Luchterhand, 2000. S. 193 f. – © Suhrkamp Verlag Frankfurt am
Main 2000. Alle Rechte bei und vorbehalten durch Suhrkamp Verlag Berlin.

Auch nach der Jahrtausendwende ist die Geschichte von *Leonce und
Lena* noch keineswegs am Ende. An die ganz junge Leserschaft rich-
tet sich etwa das von Katja Bandlow illustrierte Kinderbuch von
Beate Kirchhof, *Leonce und Lena. Eine wundersame Geschichte*
(Wien 2004). Außerhalb von Schulen, Büchern und Theatern ist
Büchners Lustspiel heute zudem noch durch den »Leonce-und-
Lena-Preis« für junge Lyrik der Stadt Darmstadt im Literaturbetrieb
präsent.

Der Verlag Philipp Reclam jun. dankt für die Nachdruckgeneh-
migung den Rechteinhabern, die durch den Textnachweis und einen folgenden Genehmigungs- oder Copyrightvermerk bezeichnet
sind. In einigen Fällen waren die Rechteinhaber nicht festzustellen.
Hier ist der Verlag bereit, nach Anforderung rechtmäßige Ansprü-
che abzugelten.

8. Literaturhinweise

Georg Büchner: Leonce und Lena. Ein Lustspiel. In: G. B.: Werke und
Briefe (Münchner Ausgabe). Nach der hist.-krit. Ausg. von Wer-
ner R. Lehmann. Komm. von Karl Pörnbacher [u. a.]. München:
Deutscher Taschenbuch Verlag, [8]2001. [[1]1988.] S. 159–195, 563–585.

Georg Büchner: Leonce und Lena. In: G. B.: Sämtliche Werke, Briefe
und Dokumente. Bd. 1. Hrsg. von Henri Poschmann. Frankfurt
a. M.: Deutscher Klassiker Verlag, 1992. S. 91–141, 586–674.

Georg Büchner: Leonce und Lena. In: G. B.: Sämtliche Werke und
Schriften. Hist.-krit. Ausg. mit Quellendokumentation und Kommentar (Marburger Ausgabe). Im Auftrag der Akademie der Wissenschaften und der Literatur, Mainz, hrsg. von Burghard Dedner
und Thomas Michael Mayer. Bd. 6. Hrsg. von Burghard Dedner
unter Mitarb. von Arnd Beise und Eva Maria Vering. Text bearb.
von Burghard Dedner und Thomas Michael Mayer. Darmstadt:
Wissenschaftliche Buchgesellschaft, 2003.

Georg Büchner: Leonce und Lena. Studienausgabe. Hrsg. von Burghard Dedner und Thomas Michael Mayer. Stuttgart: Reclam,
2003. (Universal-Bibliothek. 18248.)

Johann Wolfgang von Goethe: Werke. Hamburger Ausgabe. Hrsg.
von Erich Trunz. München 1982 ff. [Zit. als: HA, unter Angabe der
Bandnummer und Seitenzahl.]

Beise, Arnd: Einführung in das Werk Georg Büchners. Darmstadt
2010.

Beise, Arnd / Funk, Gerald: Erläuterungen und Dokumente. Georg
Büchner: *Leonce und Lena.* Stuttgart 2005. (Reclams Universal-
Bibliothek. 16049.)

Dedner, Burghard: Leonce und Lena. In: Interpretationen. Georg
Büchner: *Dantons Tod, Lenz, Leonce und Lena, Woyzeck.* Durch-
ges. Ausg. Stuttgart 2005. (Reclams Universal-Bibliothek. 8415.)
S. 119–178.

Große, Wilhelm: Lektüreschlüssel. Georg Büchner: *Leonce und
Lena.* Stuttgart 2002. (Reclams Universal-Bibliothek. 15319.)

Hauschild, Jan-Christoph: Georg Büchner. Überarb. und erw. Neu-
ausg. Reinbek b. Hamburg 2004. (rowohlts monographien.)

Martin, Ariane: Georg Büchner. Stuttgart 2007. (Reclams Universal-
Bibliothek. 17670.)

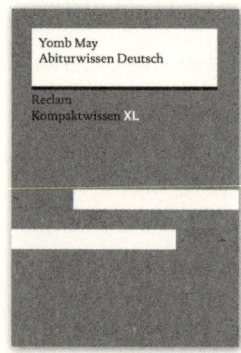